# 立体切り紙 かわいい小物

## 作って、使って、楽しい！

大原まゆみ
Ohara Mayumi

日貿出版社

## はじめに―手作りの存在感が、部屋を素敵に変えていく

　自分の感性や好みを部屋の雰囲気作りに取り込みたい、そんな考えの方は多いのではないでしょうか？
　でも、実際は、壁紙を貼り替えたり、照明や建具を気に入ったデザインのものに取り替えるのは大変な作業で費用もかかります。本書では、実際に使える手作りの雑貨を飾ることで、少しずつ、部屋の雰囲気を華やかに変える、そんなアイデアを集めてみました。売っていそうで、どこにもない、かわいいデザインなのに、しっかり便利、そんな雑貨をあなたの手で揃えていってくださいね。
　紙で作る作品だから、使い捨てなんじゃないの？　確かに、水や火には弱いのですが、しっかり形を保てるように、紙の重ね方や、接着方法に工夫をしました。だから、大事に飾れば、想像以上に長持ちします。夢中になる時間を楽しみながら、素敵に部屋を飾ってください。

大原 まゆみ

## 目 次

| | | |
|---|---|---|
| はじめに ……………………………… 02 | 連結モビール ……………………… 28 | 両開きフォト・フレーム ………… 48 |
| 紙について …………………………… 04 | #21　フクロウ | #46　クローバー |
| 切り紙の基本 ………………………… 06 | #22　サクラ | #47　四角形の模様 |
| 型紙の使い方 ………………………… 08 | ペーパー・カーテン ……………… 29 | 連結フォト・フレーム …………… 50 |
| | #23　金魚 | #48　ブーケ |
| 作品集 ………………………………… 09 | #24　花 | #49　パンダ |
| ストロー飾り ………………………… 10 | 壁貼りレター・ボックス ………… 30 | 私の好きな色で、 |
| #01　チョウチョウ | #25　ハート | 部屋が華やいでいく ……………… 52 |
| #02　花 | #26　線香花火 | アクセサリー・プレート ………… 54 |
| #03　バラ | 壁貼り紙コップ・ホルダー ……… 32 | #50　ガーベラ |
| #04　葉っぱ | #27　花 | #51　バラ |
| コースター …………………………… 12 | #28　小鳥 | アクセサリー・スタンド ………… 55 |
| #05　ハートとチューリップ | トイレットペーパー・ホルダー … 34 | #52　スタンドA |
| #06　チョウチョウと葉っぱ | #29　花 | #53　スタンドB |
| ランチョンマット …………………… 14 | #30　ヨット | キャンドル・カバー ……………… 56 |
| #07　花 | ティッシュ・ボックス・ケース … 36 | #54　花火 |
| #08　クローバー | #31　ヒイラギ | #55　ハート |
| ボトル・カバー ……………………… 16 | #32　野の草花 | かわいいだけでなく、 |
| #09　ハート | ポケットティッシュ・ケース …… 38 | きっと便利さにも驚くはず ……… 58 |
| #10　リボン | #33　葉っぱ | ノートのタイトル札 ……………… 60 |
| クッキー・ボックス ………………… 18 | #34　ナデシコ | #56　札A |
| #11　スズラン | 切り紙ステンシル ………………… 40 | #57　札B |
| #12　ブーケ | #35　葉っぱ | ペン差し札 ………………………… 61 |
| 扉を開けたときの、 | #36　花 | #58　札A |
| みんなの笑顔が待ち遠しい ………… 20 | #37　花 | #59　札B |
| スウィッチ飾り ……………………… 22 | #38　葉っぱ | ペン立て …………………………… 62 |
| #13　花 | #39　ダリア | #60　ハート |
| #14　葉っぱ | #40　ハート | #61　パンダ |
| ドアノブ飾り ………………………… 23 | #41　チューリップ | しおり ……………………………… 64 |
| #15　花 | 特別な気持ちや思い出を飾る、 | #62　カエル |
| #16　小鳥 | 手作りのやさしさ ………………… 42 | #63　ネコ |
| 壁貼りポケット・タテ型 …………… 24 | ペーパー・バッグ ………………… 44 | |
| #17　水のイメージ | #42　花とハート | |
| #18　植物のイメージ | #43　アンティークな模様 | コピーをとって使える |
| 壁貼りポケット・ヨコ型 …………… 26 | ギフト・ボックス ………………… 46 | **型紙集** ……………… 65 |
| #19　ハートのイメージ | #44　リボン | |
| #20　雲のイメージ | #45　ハート | |

3

# 紙について

## B4 から基本サイズ 250×360mm を切りとることで、作業がわかりやすく、楽に！

本書の作品づくりには、主に色画用紙を用いています。また、三角形に8つ折りするなど小さく折りたたんで切る作品では、折り紙を使っています。

色画用紙はB4のものを購入し、それぞれの作品に適したサイズに切り分けています。B4は257×364mmと細かな数字でサイズが決まっていますが、商品となった紙では、B4といっても紙の伸び縮みや、断裁のズレで大きさに誤差が生じます。

そこで、本書では、B4から正確に採寸して切りとることができる250×360mmを基本のサイズとしています。

つまり、B4から少し小さな寸法の紙を切りとるということです。

この250×360mmを基本として、タテやヨコの辺を半分、または1/4で採寸、裁断して、作品ごとに適した用紙を準備します。

こうして文章にすると、難しく感じられますが、まず250×360mmに切った紙を2つ折りや4つ折りにして、その折り筋に沿って切り分ければ、簡単にそれぞれの用紙サイズになるという仕組みになっています。

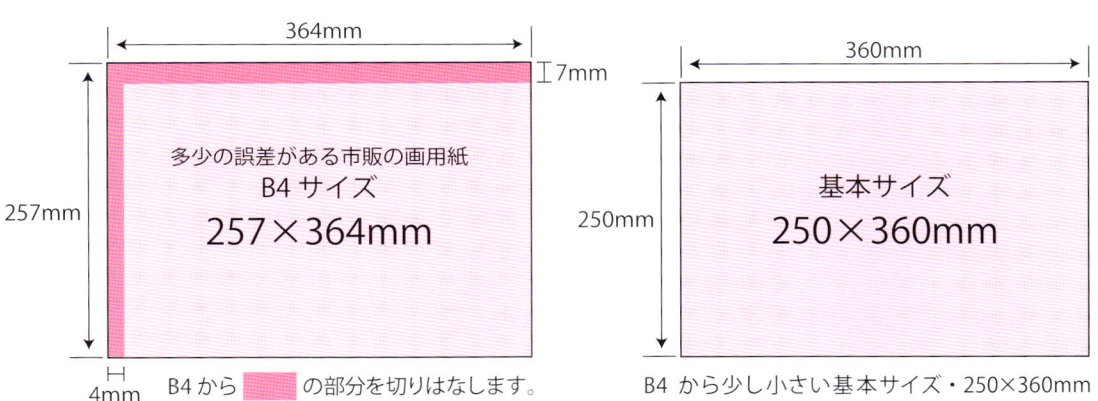

**多少の誤差がある市販の画用紙**
**B4 サイズ**
**257×364mm**

B4から ▰ の部分を切りはなします。

**基本サイズ**
**250×360mm**

B4から少し小さい基本サイズ・250×360mmを切りとりました。ここから、作品ごとに適したサイズの用紙を準備しましょう。

**タテ、ヨコの辺を半分、または 1/4 にすることを基本にして、簡単に用紙が準備できます。**

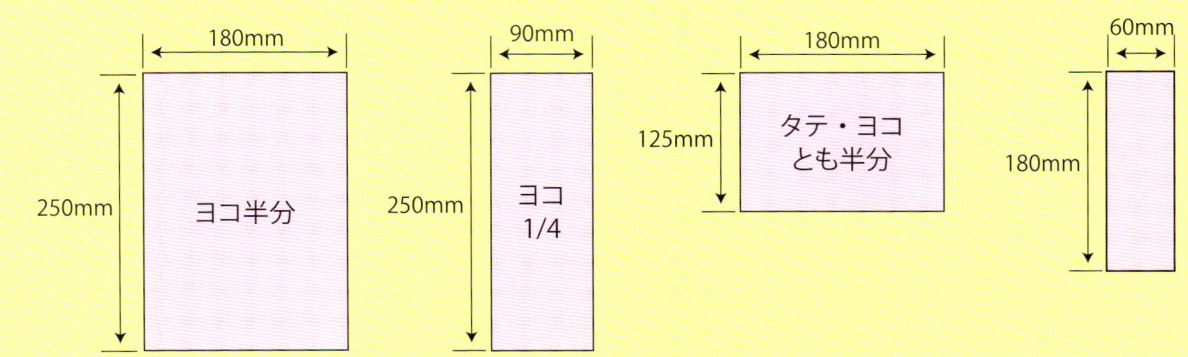

- 250mm × 180mm：ヨコ半分
- 250mm × 90mm：ヨコ 1/4
- 125mm × 180mm：タテ・ヨコとも半分
- 180mm × 60mm

色画用紙といっても、表面の凹凸や柄、光沢の有る無し、手触りの質感など様々。あなたの好みで紙を選び、使い分けてください。
また、いずれも木工用ボンドが接着剤としては適しています。のりしろなど、細長い面の接着には両面テープも便利です。

下の図（三角形に8つ折り）のように、小さくたたむときは、折り紙を使ってもいいでしょう。
※折り紙の中でも「タント紙」のものは厚みや強さ、折りやすさのいずれも適度で使いやすいでしょう。

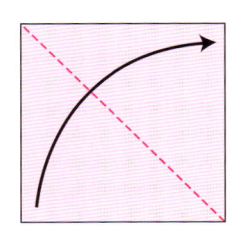

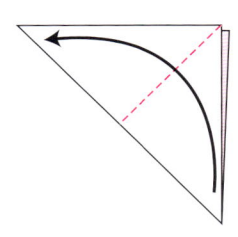

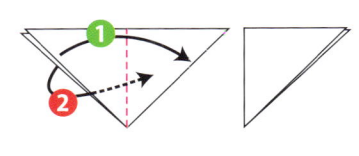

## 「へら」を使ってみましょう。

手だけでもきれいに紙を折ることはできますが、いったん手で折った紙の折り目をへらで押さえると、さらにきれいな折り筋に仕上げることができます。試してみてください。

# 切り紙の基本

作品づくりの前に、道具の使い方、きれいに仕上げるコツを確認しましょう。

## ●ハサミの使い方

**①**
**ハサミ**は、刃を大きく開き、刃のつけ根までしっかり紙を入れ込んで、○で囲んだ部分で切り始めるのが基本です。

**②**
切る方向を変えるときは、なるべくハサミは動かさず、紙を回転させて、望む角度に進みます。

**③**
方向転換ができました。また刃を開いて、つけ根部分で切り進みましょう。

## ●カッターの使い方

※絶対に、紙を押さえている方の手を刃が進む方向に、置かないでください。

**軽作業用カッター**は、人差し指で刃を上から押さえて、刃先に力を集めるようにして切ります。

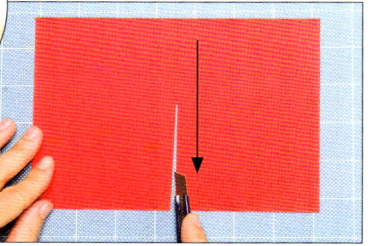

マットの上に紙を置き、手前に向かって縦にまっすぐ引いて切ります。横方向では力が不十分で刃先がぶれます。

**細工用カッター**は、ペンと同じように持ちます。

曲線を切ったり、細かな方向転換に適した刃物です。ここでも基本的には手前に引くようにして切りましょう。

## ●ポンチで丸い穴をきれいに開ける

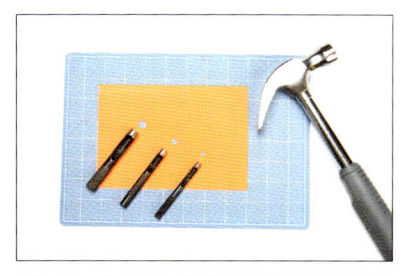

**ポンチ**は主に皮に穴を開ける筒状の金属で、いろいろな口径があります。ハンマーも用意します。ポンチは手芸店、ホームセンター、100円均一ショップなどで売っています。

コンクリートやフローリングなどの上にマットを置き、その上でポンチを打ち込むようにハンマーでたたきます。小さな力でもきれいな丸い穴を開けることができます。

## ●接着剤など

紙の接着には**木工用ボンド**が便利です。接着力が強く、乾くと透明になります。のりしろなど面でしっかりつけるには**両面テープ**を、左右に引っぱる力が強い部分には**ホッチキス**を使ってみましょう。

● 2種類の折り線／谷折り・山折り

**谷折り**／折った線（折り筋）が奥になり、谷状になる折り方です。本書では、主に赤い細かな点線で示します。

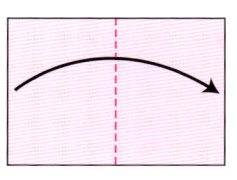

**山折り**／折り筋が前に飛び出すように、山状になる折り方です。本書では、主に青い破線で示します。

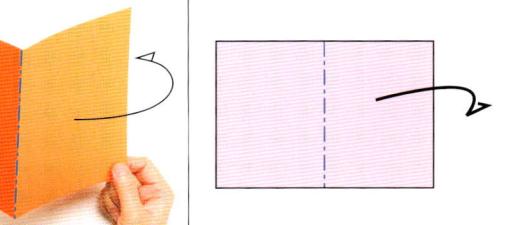

● 折り筋をあらかじめつけてきれいに折る

紙を折る前に、折る線の上をカッターの背でなぞって、クセをつけましょう。しわがなくきれいに折れます。

写真のような千枚通しや、カッターの背のかわりに、細い針や竹串を使うのもいいでしょう。

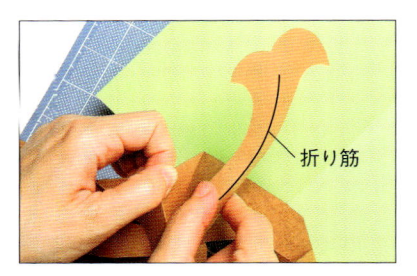

折り筋をあらかじめつけるのは、直線に限らず、曲線の場合でも有効です。作品におもしろい表情を加えることができます。

● 下書きは基本的に紙の裏に書く

① 切り紙を切って開くと、線対称なので表も裏も同じように仕上がっています。そのため、裏に下書きをして、切り終えたあと表に返しても、仕上がりは同じです。

② 裏から見ると右側に鉛筆の線が残っています。これを消そうと消しゴムでこするときに、けっこう作品が傷むことがあるのです。

③ 作品を表から見ています。切り紙としては、裏と同じ様子ですが、下書きの線は見えません。

7

## 型紙の使い方　　楽に正確にデザイン通りの作品を仕上げる方法です。

本書ではすべての作品の図面を66pから紹介しています。その図面は、コピーして型紙として使えるように、紙を折りたたんだ状態に下書きをした様子を掲載しています。型紙の大きさは、作品の完成写真にある見本と同じ大きさに仕上がるものです。使用する紙の寸法や折り方は、作品ごとに案内しています。

### ●カーボン紙を使う

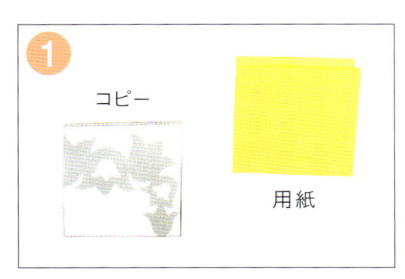

**1** 型紙をコピーして切り取ったものと、紙を折りたたんだものを用意します。

**2** 型紙と折りたたんだ紙の間に、カーボン紙をはさみ、デザインを鉛筆でなぞると、型紙にある線をそのまま紙に写すことができます。

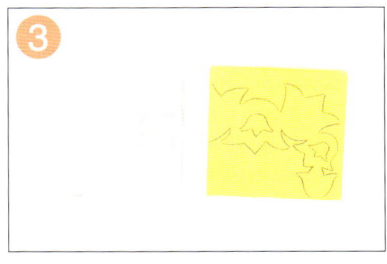

**3** カーボン紙は同じ作品をいくつか作るときにとても便利です。色違いの紙で、たくさん作るときなど、作業を楽に行えます。

### ●型紙もいっしょに切る

**1** 型紙をコピーして切り取ったものと、紙を折りたたんだものを重ねて、切り落としてしまう不要な部分をホッチキスでとめ、型紙と紙がずれないようにします。折り目の位置に注意してください。

**2** デザインの線に沿って、型紙と紙をいっしょに切ります。ホッチキスで3～4か所とめると紙がずれず、作業しやすいでしょう。

# 作品集

素敵な作品で、あなたの部屋をいっぱいにしてみましょう！

#01 チョウチョウ
型紙 66p

#02 花
型紙 66p

#03 バラ
型紙 66p

#04 葉っぱ
型紙 66p

# ストロー飾り

グラスの縁でストローのストッパーにもなる、華やかな飾りもの。子供達のパーティーにも、ぴったり。

## #01 チョウチョウ
- 紙のサイズ／150×150mm
- 折り方／三角形に2つ折り

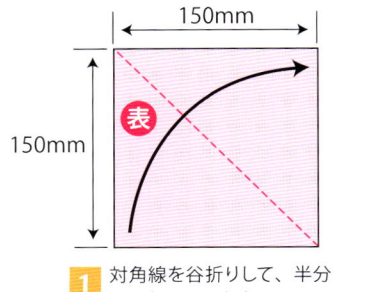

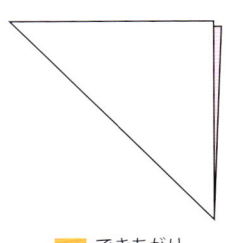

1 対角線を谷折りして、半分の三角形にします。

2 できあがり。

## #02 花／#03 バラ／#04 葉っぱ
- 紙のサイズ／150×150mm
- 折り方／三角形に8つ折り

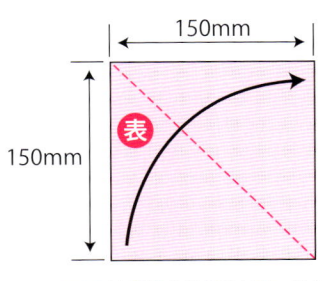

1 対角線を谷折りして、半分の三角形にします。

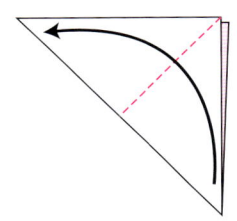

2 さらに半分の三角形にします。

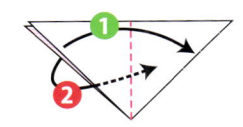

3 最初に❶で、上の1枚だけを谷折りします。次に、裏で❷を❶と同じように折ります。

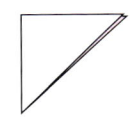

4 できあがり。

1 ○で囲んだ中心の部分に、十字の切り込みを入れて、ストローの差し込み口を作ります。バラは花びらを折って起こします。

2 ストローを差し込んでみましょう。

3 ストローが折れ曲がる部分がある場合は、そのすぐ下まで作品を通します。同じ要領で2枚重ねましょう。

#05 ハートとチューリップ
**型紙 66p**

#06 チョウチョウと葉っぱ
**型紙 67p**

# コースター

プラトレーを使ったちょっと大きめの手作りコースター。

#05 ハートとチューリップ／#06 チョウチョウと葉っぱ
●紙のサイズ／180×180mm　●折り方／三角形に8つ折り

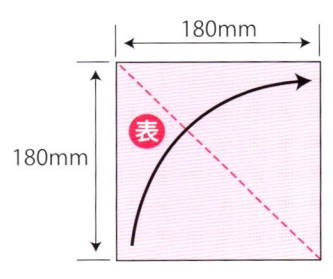

1 対角線を谷折りして、半分の三角形にします。

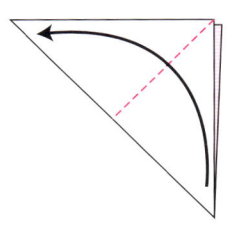

2 さらに半分の三角形にします。

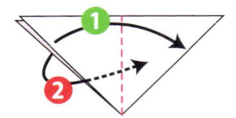

3 最初に❶で、上の1枚だけを谷折りします。次に、裏で❷を❶と同じように折ります。

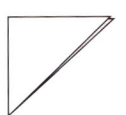

4 できあがり。

1 ハートとチューリップでは、付け根を山折りして、立体的なアクセントを加えます。

チョウチョウと葉っぱでは、付け根から谷折り、山折り、谷折り、山折りと繰り返し、しっかりクセを付けて、葉っぱの形を整えます。

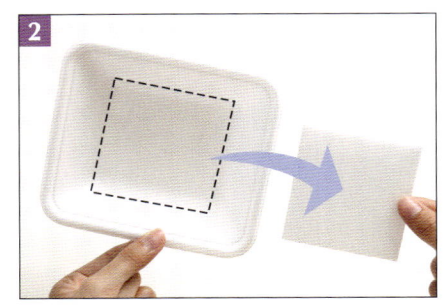

2 プラトレーから一辺の長さが75〜80mmほどの正方形を切り取りましょう。

3 プラトレーから切り取った部品の角を、作品の切り込みに入れます。

#07 花
型紙 68p

#08 クローバー
型紙 69p

## ランチョンマット

紙の柄が活かせるから、とっておきの包装紙を、あなたの手で素敵なアイテムに作り変えてみましょう。

#07 花／#08 クローバー
- 紙のサイズ／250×360mm　●折り方／長方形に4つ折り

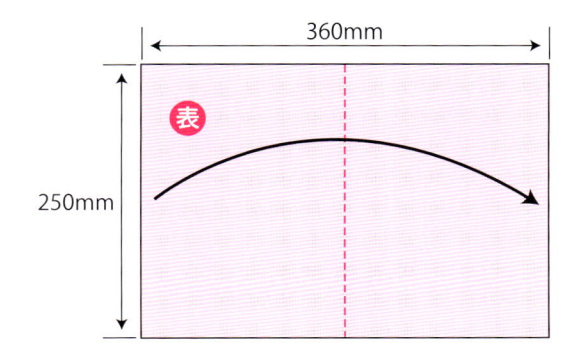

1 長い辺を2等分して、全体を谷折りで半分にします。

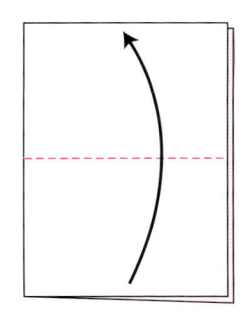

2 さらに全体を谷折りで半分にします。

3 できあがり。

クローバーの葉っぱの付け根を谷折りして、葉っぱを起こしましょう。

15

#09 ハート
型紙 70p

#10 リボン
型紙 70p

16

## ボトル・カバー

ボトルの硬い質感に負けない豪華な紙のインテリア雑貨。花瓶カバーとしても活用できます。

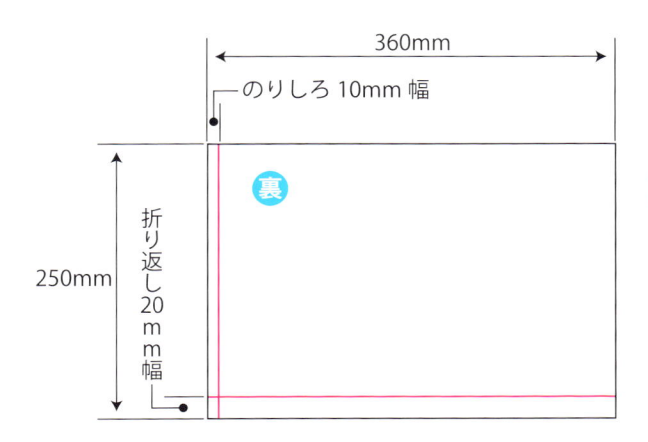

- 360mm
- のりしろ 10mm 幅
- 裏
- 250mm
- 折り返し 20mm 幅

#09 ハート／#10 リボン
- 紙のサイズ／250×360mm
- 折り方／のりしろ 10mm を除いてジャバラ折り

⇦ 用紙を左の図のサイズに切ったあと、——— のところに折り筋を付けてください。

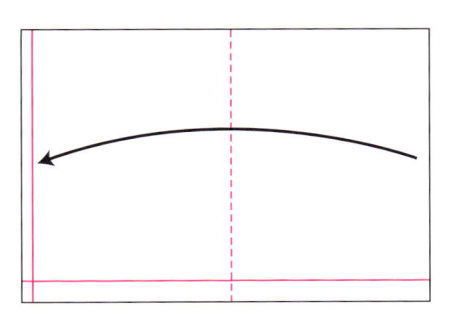

**1** 右端のタテの辺を、左端から 10mm 内側にある折り筋に合わせて折ります。

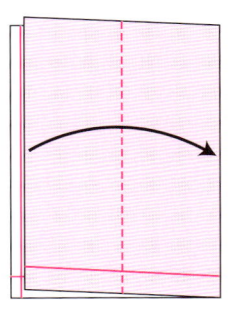

**2** 上の1枚だけを、谷折りで右端のタテの辺に合わせて折ります。

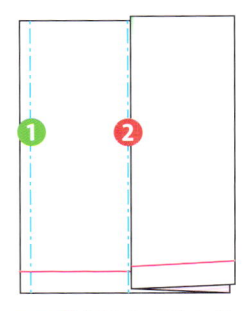

**3** ❶（最初に付けた折り筋）を山折りして、次に❷を山折りしましょう。

**4** できあがり。

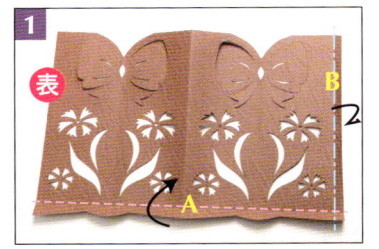

**1** 最初に下の部分 A を谷折りで折り上げ、次にのりしろの B を山折りします。

**2** のりしろ以外に残っている3つの角を山折りして、角柱にします。

**3** のりしろに両面テープか接着剤を付けて、となりの面と貼り合わせます。

**4** 下部の折り返しの端を本体に接着すると、きれいに仕上がります。

**5** リボンの付け根を谷折りして、左右のリボンを起こしましょう。

**6** ハートでは、角柱を写真のように平たくして、ハート型の部分を折り上げたあと、角柱にして形を整えましょう。

#11 スズラン
型紙 72p

#12 ブーケ
型紙 73p

## クッキー・ボックス

お菓子、木の実、サンゴや貝、何を入れて楽しみますか？

#11 スズラン／#12 ブーケ
● 紙のサイズ／250×360mm　● 折り方／長方形に4つ折り

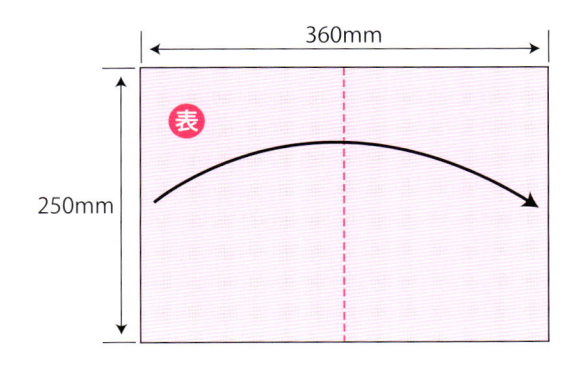

360mm
250mm
表

**1** 長い辺を2等分して、全体を谷折りで半分にします。

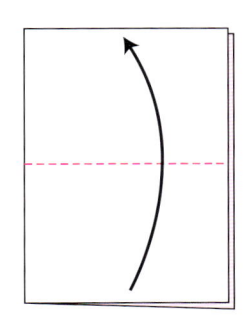

**2** さらに全体を谷折りで半分にします。

**3** できあがり。

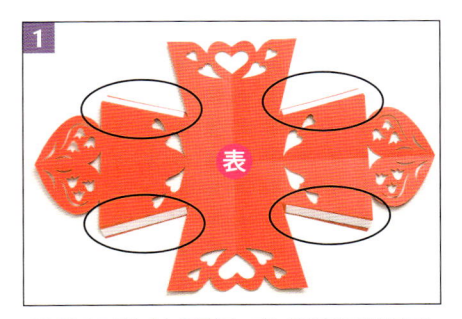

**1** 4か所ののりしろに両面テープか接着剤を付けます。

**2** 底の正方形の4辺をそれぞれ山折りして、しっかりクセを付けます。

**3** 4か所ののりしろを、となりの面と貼り合わせます。

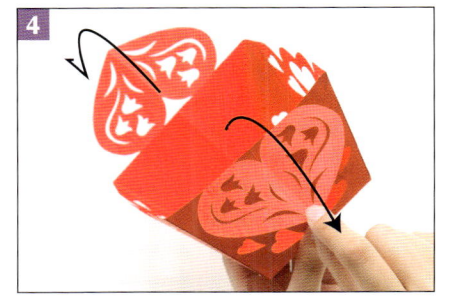

**4** スズランのハート型の部分を折り下げて、全体の形を整えましょう。

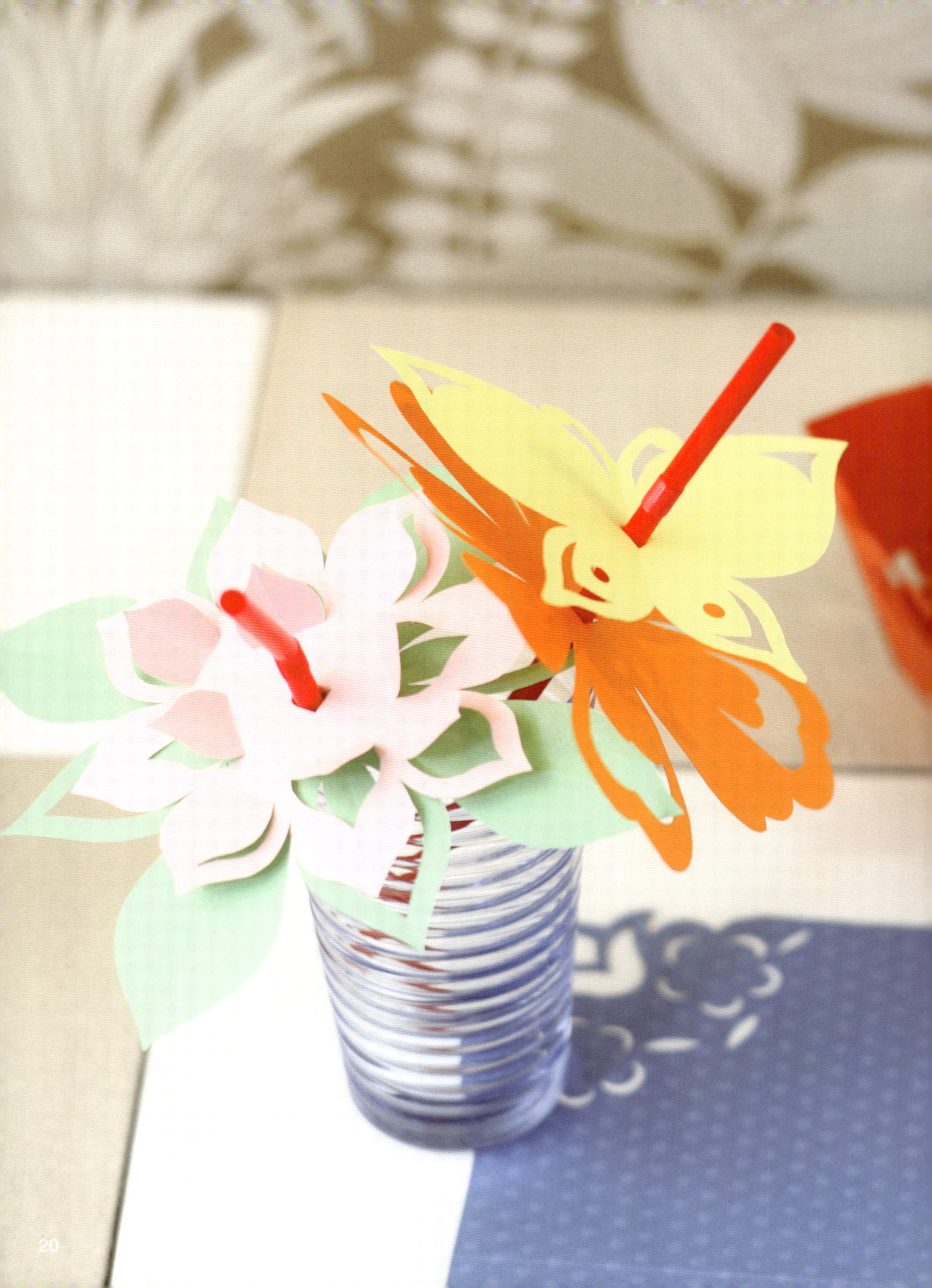

扉を開けたときの、みんなの笑顔が待ち遠しい

## スウィッチ飾り

点けたり消したりだけの存在ではもったいない、おしゃれなアクセント。

#13 花／#14 葉っぱ
- 紙のサイズ／125×180mm
- 折り方／長方形に4つ折り

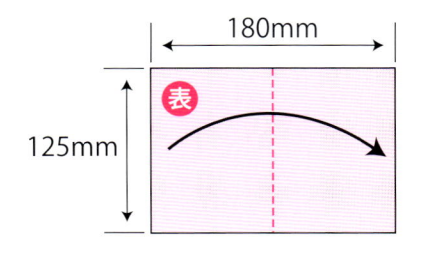

**1** 長い辺を2等分して、全体を谷折りで半分に折ります。

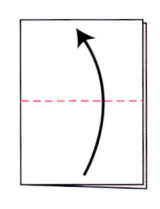

**2** さらに全体を谷折りで半分に折ります。

**3** できあがり。

作品の内側にある花の部分の付け根を谷折りして、外側に折り返します。

作品の内側にある葉っぱの部分の付け根を谷折りして、外側に折り返します。

#13 花
型紙 67p

#14 葉っぱ
型紙 67p

#15 花
型紙 71p

#16 小鳥
型紙 71p

## ドアノブ飾り
季節に合わせて、紙の色を変えて作ってみましょう。

#15 花／#16 小鳥
- 紙のサイズ／ 90×250mm
- 折り方／長方形に2つ折り

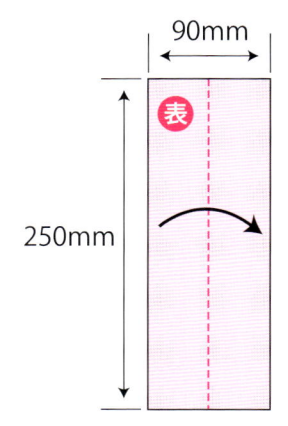

1 短い辺を2等分して、全体を谷折りで半分に折ります。

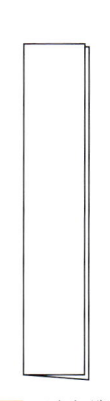

2 できあがり。

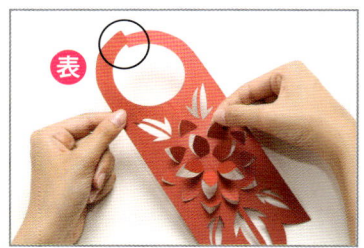

○で囲んだ部分を切り離します。花では、花びらの部分の付け根を谷折りして、花びらを起こしましょう。

○で囲んだ部分を切り離します。小鳥では、葉っぱの部分の付け根を谷折りして、葉っぱを起こしましょう。

#17 水のイメージ
型紙 74p

#18 植物のイメージ
型紙 74p

## 壁貼りポケット・タテ型

絵手紙や写真、小さな紙片に描かれたかわいいお絵描き……小さなポケットに、どんな楽しさを入れますか？

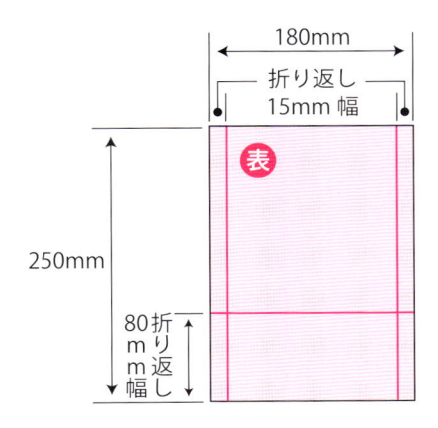

180mm
折り返し 15mm 幅
表
250mm
80mm 折り返し幅

#17 水のイメージ／#18 植物のイメージ
● 紙のサイズ／180×250mm　● 折り方／長方形に2つ折り

⇐ 用紙を左の図のサイズに切ったあと、——— のところに折り筋を付けてください。

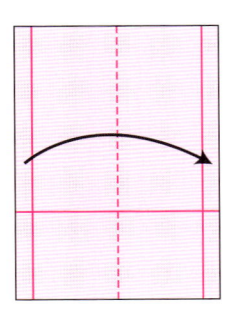

1 短い辺を2等分して、全体を谷折りで半分に折ります。

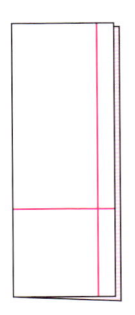

2 できあがり。

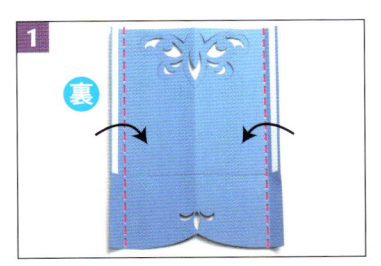

1 位置や長さに注意して、左右ののりしろに両面テープか接着剤を付け、それぞれ内側に折り返して、くっつけます。

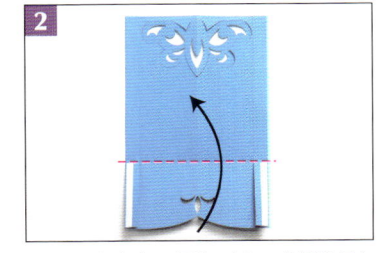

2 折り返した左右の部分の上に、位置や長さに注意して、両面テープか接着剤を付け、ポケットの前面になる部分を折り上げます。

3 飾りの部分を折り上げます。

飾りの部分を折り上げます。できたら全体の形を整えましょう。

25

#19 ハートのイメージ
型紙 76p

#20 雲のイメージ
型紙 77p

# 壁貼りポケット・ヨコ型

レシートやチケット、メモ書き、サービス券……場所を決めて入れておくと、安心で便利。

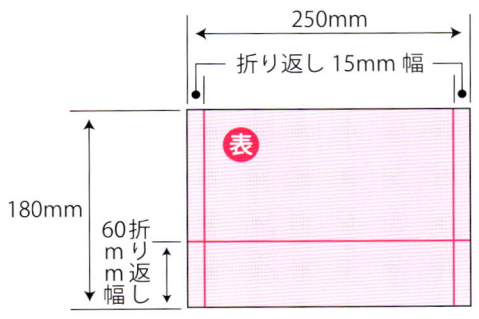

250mm
折り返し 15mm 幅
180mm
60mm 折り返し幅

#19 ハートのイメージ／#20 雲のイメージ
● 紙のサイズ／180×250mm　● 折り方／長方形に2つ折り

⇦ 用紙を左の図のサイズに切ったあと、―――― のところに折り筋を付けてください。

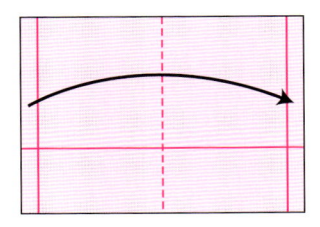

**1** 長い辺を2等分して、全体を谷折りで半分に折ります。

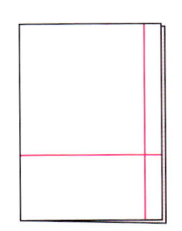

**2** できあがり。

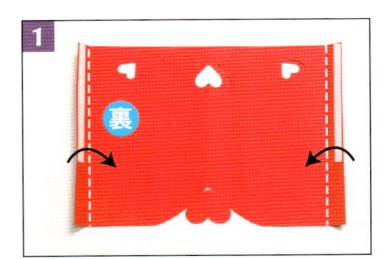

**1** 位置や長さに注意して、左右ののりしろに両面テープか接着剤を付け、それぞれ内側に折り返して、くっつけます。

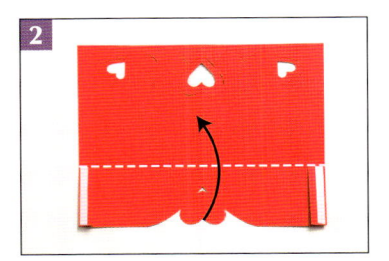

**2** 折り返した左右の部分の上に、位置や長さに注意して、両面テープか接着剤を付け、ポケットの前面になる部分を折り上げます。

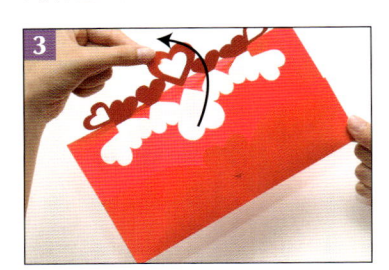

**3** 飾りの部分を折り上げます。

飾りの部分を折り上げます。できたら全体の形を整えましょう。

## 連結モビール

壁に貼っても、棒やひもで吊るしても飾れます。カラフルに仕上げてみましょう。

#21 フクロウ／#22 サクラ
- 紙のサイズ／125×180mm
- 折り方／長方形に4つ折り

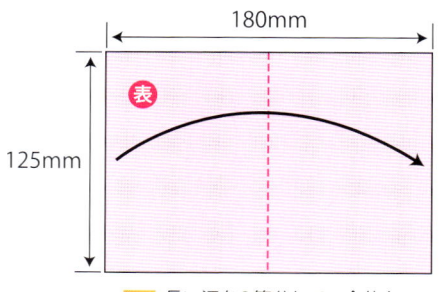

180mm
125mm
表

1 長い辺を2等分して、全体を谷折りで半分に折ります。

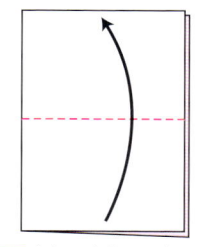

2 さらに全体を谷折りで半分に折ります。

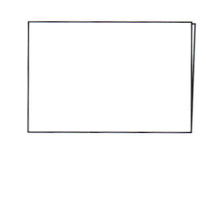

3 できあがり。

#21 フクロウ
型紙 88p

#22 サクラ
型紙 88p

1 タテ長に2つ折りした作品を、もう1つの作品の広い窓に差し込みます。

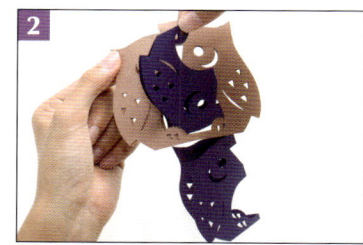

2 差し込んでいる途中のようすです。

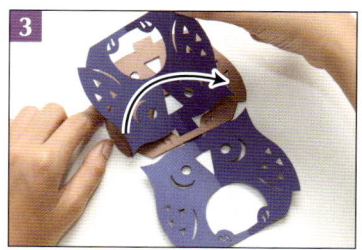

3 まん中まで差し込んだら、タテ長に2つ折りしていた状態から開きます。

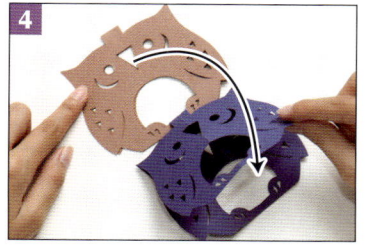

4 矢印方向に折り下げます。この要領で、たくさんの作品をつなげてみましょう。

# ペーパー・カーテン
さわやかな風を受けて、切り紙も影もやさしくゆらゆら揺れます。

#23 金魚
型紙 78p

#24 花
型紙 78p

#23 金魚／#24 花
● 紙のサイズ／ 250×360mm　● 折り方／ジャバラ折り

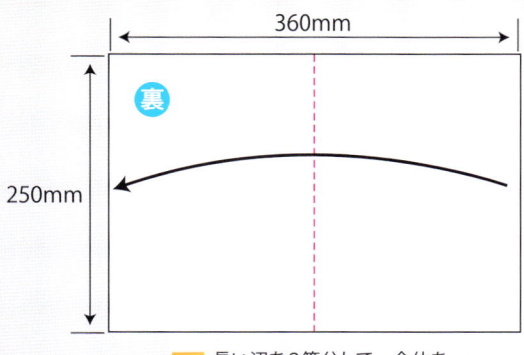

1 長い辺を2等分して、全体を谷折りで半分に折ります。

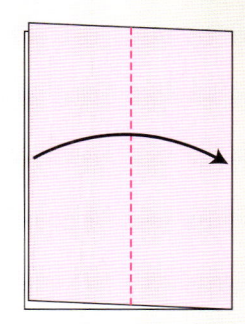

2 上の1枚だけを、谷折りで半分に折ります。

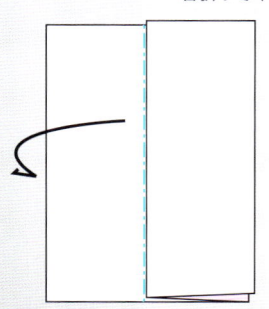

3 下の1枚を、山折りで裏におくります。

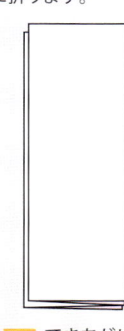

4 できあがり。

まん中を山折りにして、その左右を谷折りにします。上にある4つの丸い穴に棒やひもを通して、吊り下げてみましょう。

#25 ハート
**型紙 75p**

#26 線香花火
**型紙 75p**

# 壁貼りレター・ボックス

大事な手紙やハガキの他、ペン、ハサミ、カッター、フセンなど、よく使う小物を入れておくのにも便利。

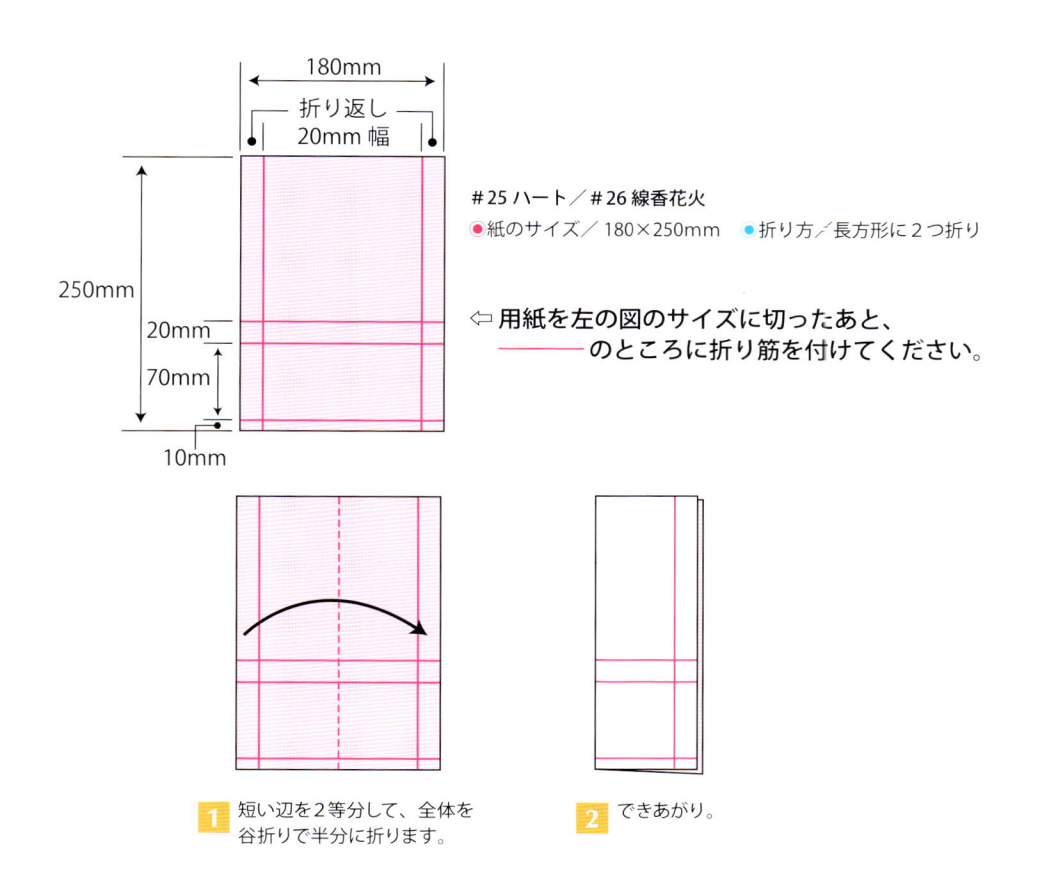

180mm
折り返し 20mm幅
250mm
20mm
70mm
10mm

#25 ハート／#26 線香花火
● 紙のサイズ／180×250mm　● 折り方／長方形に2つ折り

⇦ 用紙を左の図のサイズに切ったあと、——— のところに折り筋を付けてください。

**1** 短い辺を2等分して、全体を谷折りで半分に折ります。

**2** できあがり。

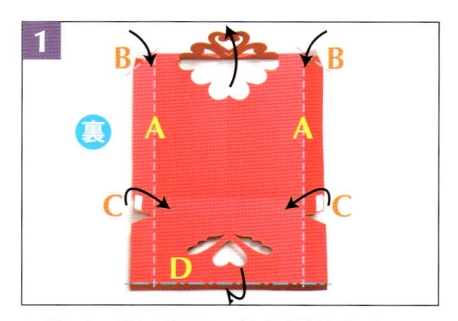

**1** 上部左右の角に両面テープか接着剤を付け、Aの折り筋にBの辺を合わせて角を折ります。左右のCに両面テープか接着剤を付け、内側に折り返し接着します。Dは山折りでクセを付けておきます。上部の飾りは、折り上げておきます。

**2** 前面のポケットになる部分の左右のEに両面テープか接着剤を付け、折り筋Aを折って起こした側面の内側に接着します。反対側にあるもう1つの側面にも、同じ作業をしてください。

#27 花
型紙 79p

#28 小鳥
型紙 79p

## 壁貼り紙コップ・ホルダー

少量の水なら入れても大丈夫。野の花や草を摘んできて、飾ってみましょう。

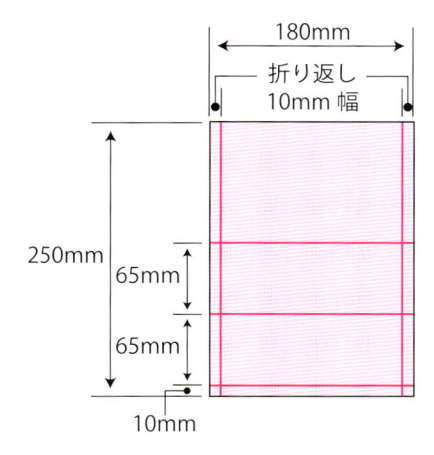

180mm
折り返し 10mm 幅
250mm
65mm
65mm
10mm

#27 花／#28 小鳥
● 紙のサイズ／180×250mm　● 折り方／長方形に2つ折り

⇦ 用紙を左の図のサイズに切ったあと、——— のところに折り筋を付けてください。

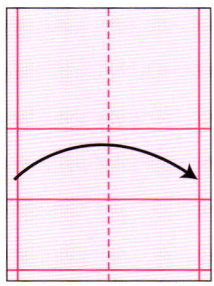

**1** 短い辺を2等分して、全体を谷折りで半分に折ります。

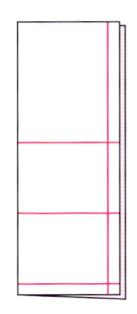

**2** できあがり。

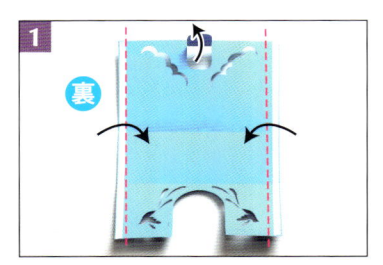

**1** 左右の端ののりしろに両面テープか接着剤を付け、それぞれ内側に折り返して接着します。上部では、紙コップにくっつける部分を折り上げておきます。

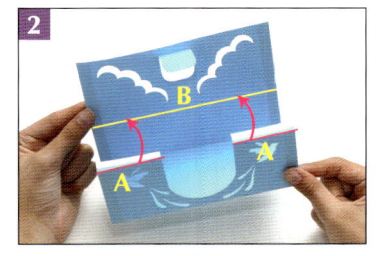

**2** 折り線の指示にしたがって、下部を三角柱に組み上げています。Aの線をBの目安線に合わせて接着しましょう。

**3** 紙コップを差し込んで立てます。

**4** 最初に折り上げていた部分を紙コップの内側に折り下げて、ホッチキスでとめます。

#29 花
型紙 80p

#30 ヨット
型紙 81p

## トイレットペーパー・ホルダー

ブロック遊びのように、カラフルな作品を積んでみましょう。

#29 花／#30 ヨット
●紙のサイズ／180×250mm　●折り方／長方形に2つ折り

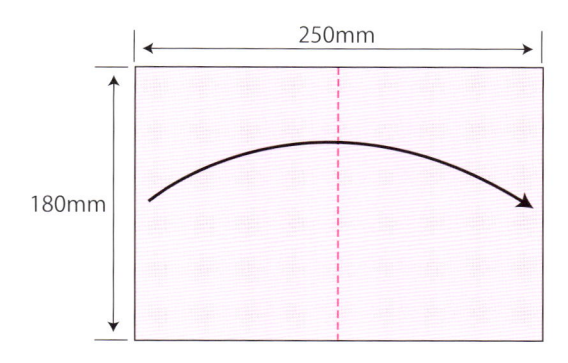

**1** 長い辺を2等分して、全体を谷折りで半分に折ります。

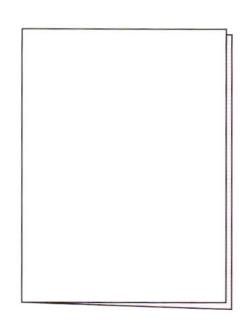

**2** できあがり。

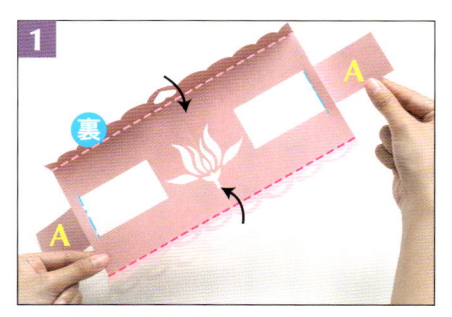

**1** 上下の折り返しを内側に折り、Aの部分は山折りで左右に飛び出させましょう。

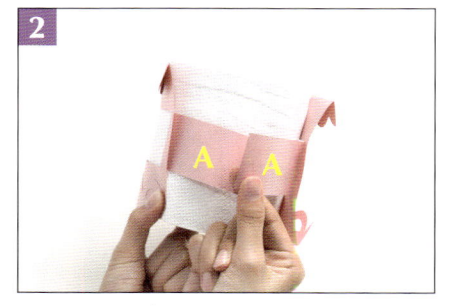

**2** トイレットペーパーに作品を巻きつけて、Aの部分を裏で接着してつなぎましょう。

このページの作品では、植物のデザインを切り抜いた内側に、別の色の色画用紙を入れてあります。こうすることで、ティッシュ・ボックスの印刷に影響されることがなくなり、切り紙の形がはっきりします。

#31 ヒイラギ
**型紙 82p**

#32 野の草花
**型紙 82p**

## ティッシュ・ボックス・ケース

4つの角の部分で紙を貼り合わせるので、形がしっかりして、思いのほか丈夫に仕上がります。

#31 ヒイラギ／#32 野の草花
● 紙のサイズ／210×334mm　● 折り方／長方形に4つ折り

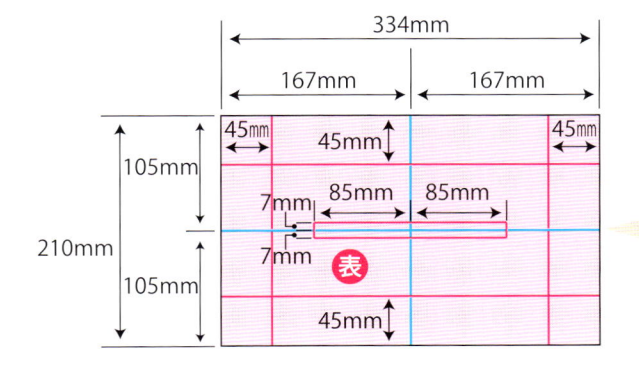

⇦ 用紙を左の図のサイズに切ったあと、───のところに折り筋を付けてください。

こまかな採寸をする前に、全体を4つ折りにして───の折り筋を付けると、わかりやすくなります。

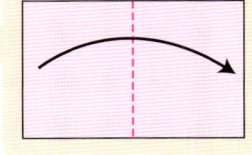

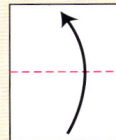

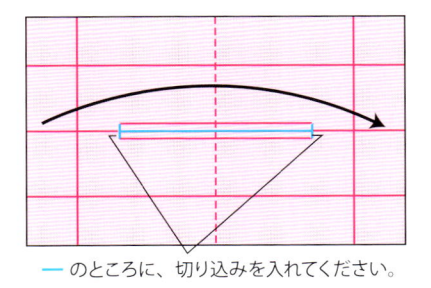

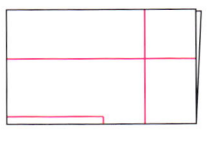

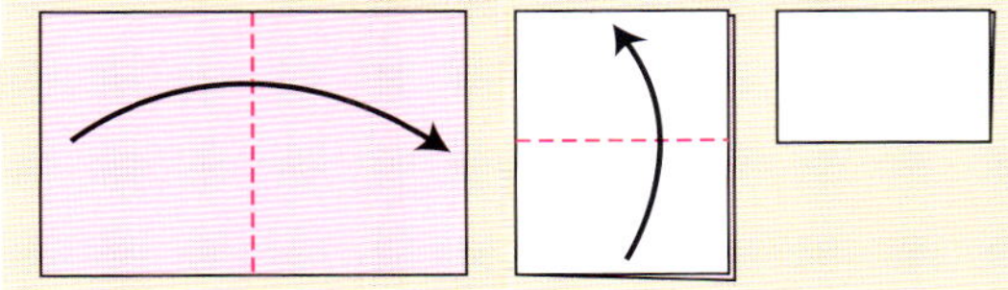

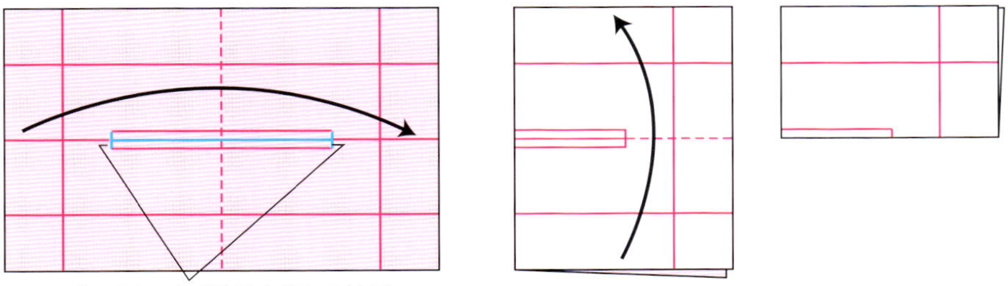

───のところに、切り込みを入れてください。

1 長い辺を2等分して、全体を谷折りで半分に折ります。

2 さらに全体を谷折りで半分に折ります。

3 できあがり。

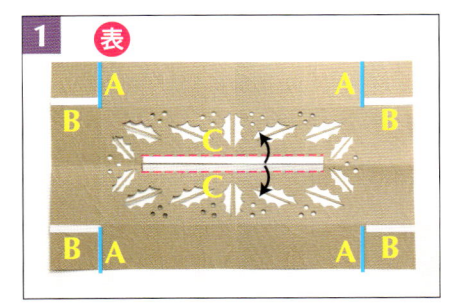

1 4か所のAに切り込みを入れます。つぎに、4か所のBに両面テープか接着剤を付けます。ティシュペーパーを取り出す口・Cは折り返して接着しておきましょう。

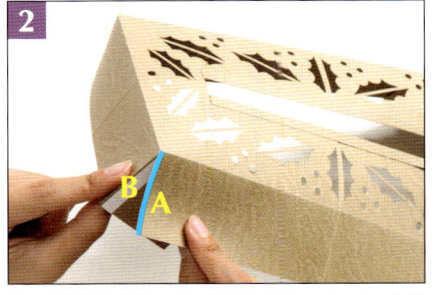

2 Aの切り込みを使って、角を立体的に立たせ、Bの両面テープか接着剤を使って、となりの面と貼り合わせます。できたら、全体の形を整えましょう。

#33 葉っぱ
**型紙 83p**

#34 ナデシコ
**型紙 83p**

このページの作品では、植物のデザインを切り抜いた内側に、別の色の色画用紙を入れてあります。こうすることで、ポケットティッシュの袋の印刷に影響されることがなくなり、切り紙の形がはっきりします。

## ポケットティッシュ・ケース
繰り返し使える便利な作品。お友達に贈っても喜ばれるはず。

#33 葉っぱ／#34 ナデシコ
● 紙のサイズ／200×320mm　● 折り方／長方形に4つ折り

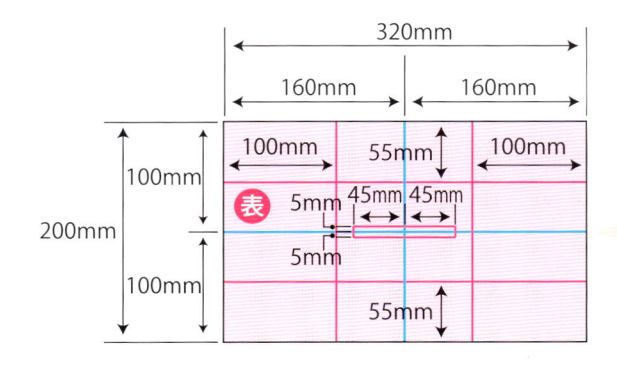

⇐ 用紙を左の図のサイズに切ったあと、——— のところに折り筋を付けてください。

こまかな採寸をする前に、全体を4つ折りにして ——— の折り筋を付けると、わかりやすくなります。

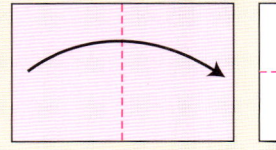

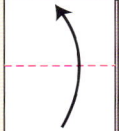

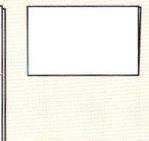

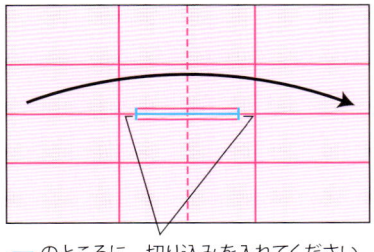

——— のところに、切り込みを入れてください。

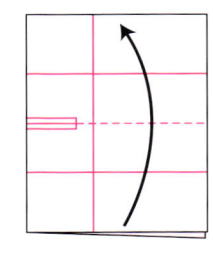

**1** 長い辺を2等分して、全体を谷折りで半分に折ります。

**2** さらに全体を谷折りで半分に折ります。

**3** できあがり。

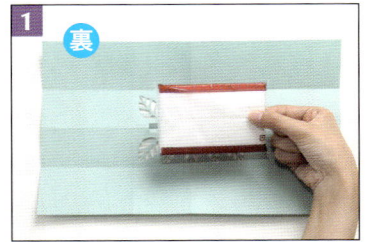

**1** ポケットティッシュの裏側を上にして、作品のまん中に置きます。

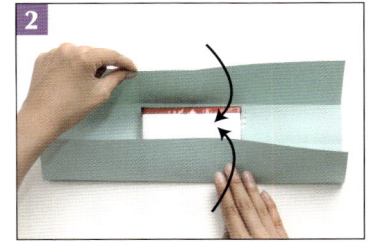

**2** ポケットティッシュを包むようにして、上下を折り重ねます。

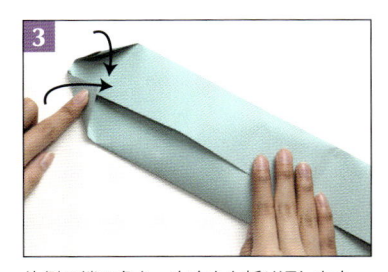

**3** 片側の端の角を、左右とも折り返します。

**4** 角を折り返した端を、反対側の端の中に差し込むようにして、裏でつなぎ合わせます。

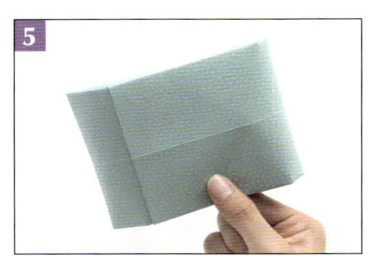

**5** 角のある端を奥まで入れ込んで、しっかりつなぎ合わせます。できたら、裏返します。

**6** 取り出す口を折り返して、ティッシュペーパーをつまみ出してみましょう。

39

#35 葉っぱA
型紙 84p

#36
花A
型紙 84p

#41 チューリップ
型紙 84p

#40
ハート
型紙 84p

#37 花B
型紙 84p

#38 葉っぱB
型紙 84p

#39 ダリア
型紙 84p

# 切り紙ステンシル

コルクや素焼きの素材のグッズに、切り紙を型紙として使って、かわいい柄を描いてみましょう。

#35 葉っぱA ／ #36 花A ／ #37 花B ／ #38 葉っぱB ／ #39 ダリア ／ #40 ハート
● 紙のサイズ／150×150mm　● 折り方／三角形に8つ折り

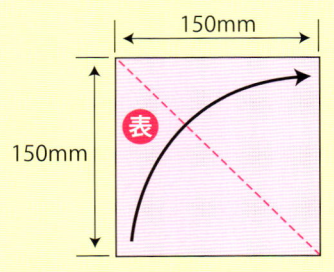

1 対角線を谷折りして、半分の三角形にします。

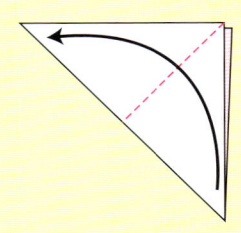

2 さらに半分の三角形にします。

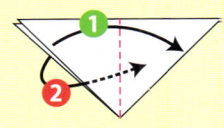

3 最初に❶で、上の1枚だけを谷折りします。次に、裏で❷を❶と同じように折ります。

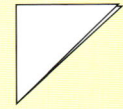

4 できあがり。

#41 チューリップ
● 紙のサイズ／150×150mm　● 折り方／三角形に4つ折り

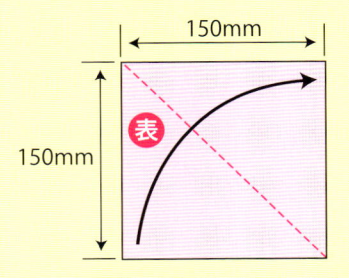

1 対角線を谷折りして、半分の三角形にします。

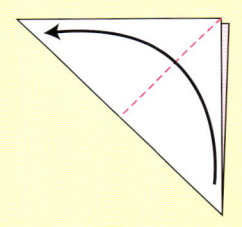

2 さらに半分の三角形にします。

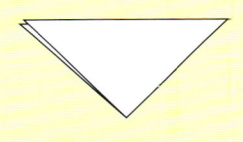

3 できあがり。

切り紙を開きました。このままを型紙として使うと、大きな柄の作品に仕上がります。

型紙を切り分けて、小さな柄の作品を仕上げることもできます。

絵具はなんでもかまいませんが、アクリル絵具を使うと、濡れても水に強いでしょう。型を写すには、化粧用のスポンジのようなものを使ってください。

小さな型紙なら、片手で押えて、絵具を付けることができます。

大きな型紙の場合は、裏に両面テープを付け、動かないようにして作業をするのがいいでしょう。

特別な気持ちや思い出を飾る、手作りのやさしさ

43

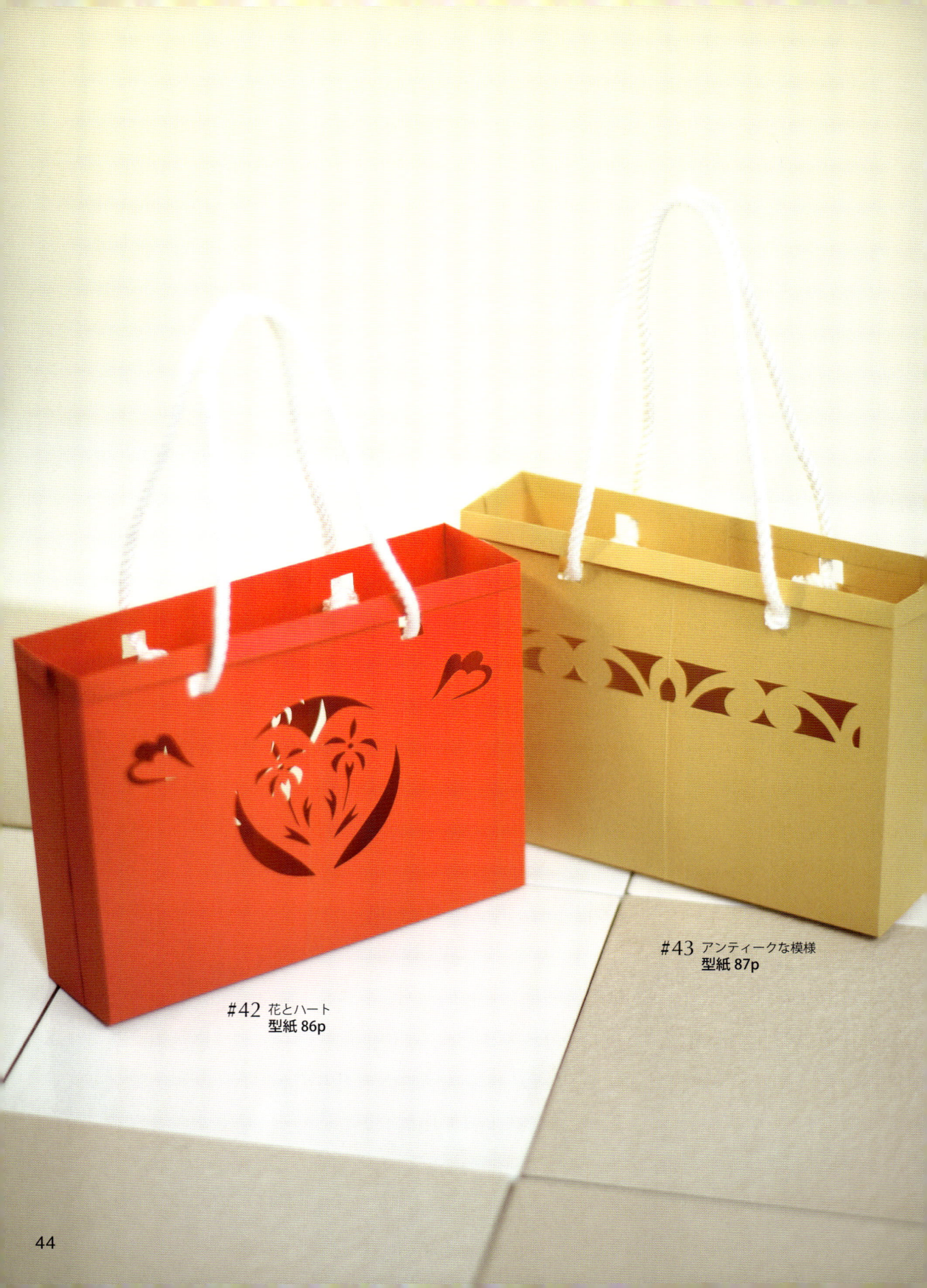

#42 花とハート
**型紙 86p**

#43 アンティークな模様
**型紙 87p**

## ペーパー・バッグ

大切な人へのプレゼントを入れて贈る特別な紙袋。

#42 花とハート／#43 アンティークな模様
● 紙のサイズ／250×360mm　● 折り方／長方形に4つ折り

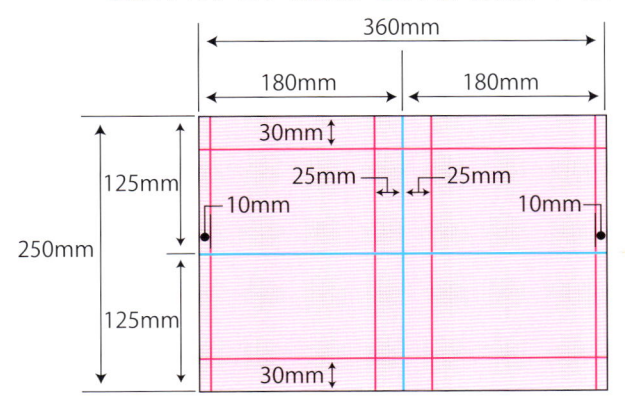

⇦ 用紙を左の図のサイズに切ったあと、——— のところに折り筋を付けてください。

こまかな採寸をする前に、全体を4つ折りにして ——— の折り筋を付けると、わかりやすくなります。

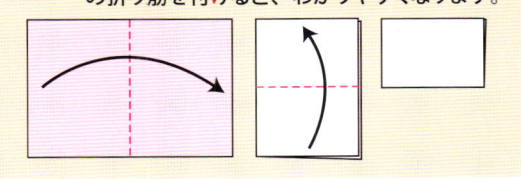

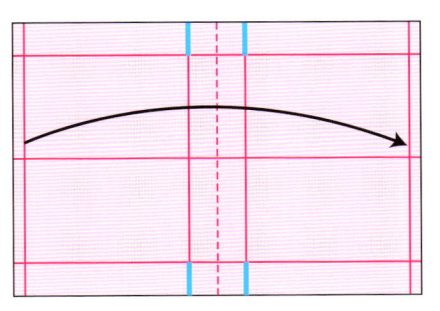

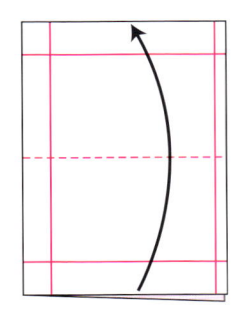

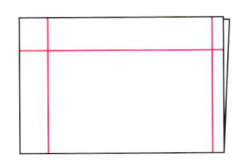

┃ のところに、切り込みを入れてください。

**1** 長い辺を2等分して、全体を谷折りで半分に折ります。

**2** さらに全体を谷折りで半分に折ります。

**3** できあがり。

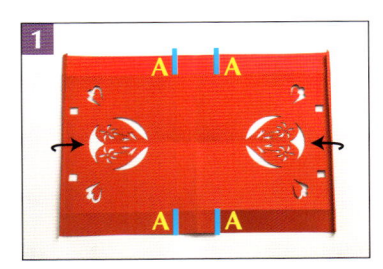

**1** 写真では左右の端にある紙袋の縁（できあがりでは作品の上部になります）を内側に折り返します。4か所のAに切り込みが入っていますね。

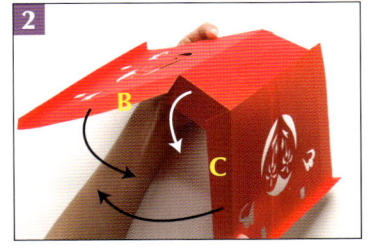

**2** 切り込みを使って、紙袋の底を作ります。B、Cの順で、接着剤をそれぞれの裏に付けて、貼り合わせましょう。

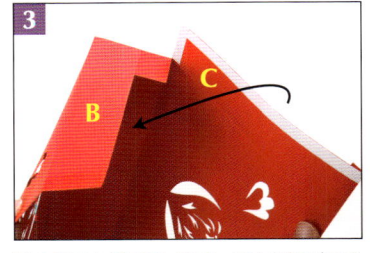

**3** 別の角度から見ています。底と側面ができあがってきています。

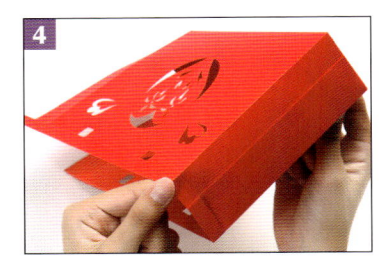

**4** 側面ができあがりました。反対側も同じ要領で、底と側面を仕上げましょう。

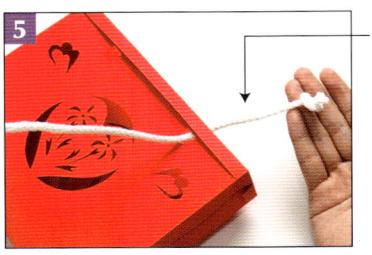

**5** 最初にひもの先を玉結びにして、反対の先を紙袋の内側から穴に通し、持ち手となるひもを取り付けましょう。

使わない紙袋のひもを利用してもいいでしょう。

45

#44 リボン
型紙・箱の本体 88p
箱のふた 89p

#45 ハート
型紙・箱の本体 88p
箱のふた 89p

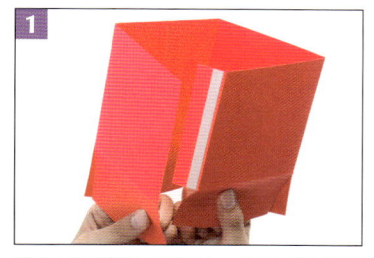

**1** 箱の本体を組み立てます。のりしろに両面テープか接着剤を付けて、となりの面と貼り合わせます。

**2** 番号の順に面を接着しながら重ねて、底を作ります。できたら、全体の形を整えます。

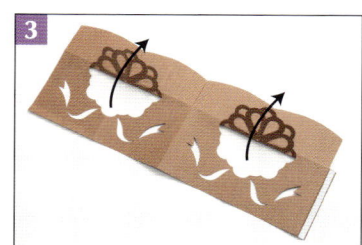

**3** 箱のふたを組み立てます。リボンでは、飾りの部分を折り上げ、のりしろに両面テープか接着剤を付けます。

**4** のりしろと、となりの面を貼り合わせて角柱にします。

**5** 番号の順に面を接着しながら重ねて、天面を作ります。できたら、全体の形を整えます。

**6** ハートでは、ハート型の部分の付け根を谷折りして、起こしましょう。

# ギフト・ボックス

図は一見すると複雑に感じますが、のりしろ以外のところを4等分して折り、開いて底や天面を切り分けるだけです。

⇩ 用紙を下の図のサイズに切ったあと、―――のところに折り筋を付けてください。

#44 リボン／#45 ハート

**本体**
- 紙のサイズ／160×360mm
- 折り方／のりしろ20mmを除いてジャバラ折り

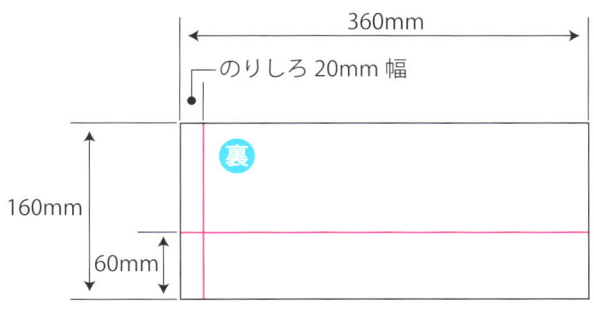

360mm
のりしろ 20mm幅
裏
160mm
60mm

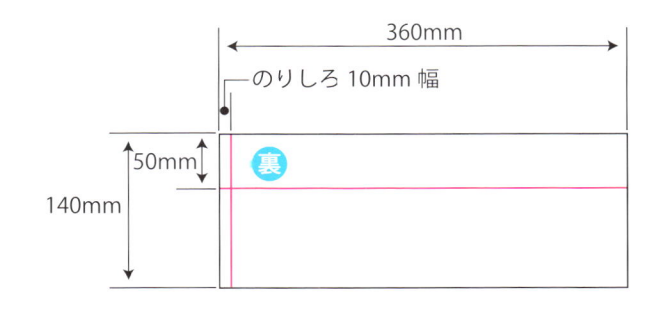

**ふた**
- 紙のサイズ／140×360mm
- 折り方／のりしろ10mmを除いてジャバラ折り

360mm
のりしろ 10mm幅
50mm
裏
140mm

**本体**

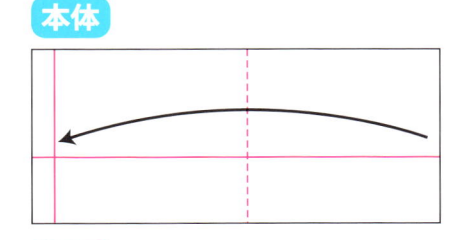

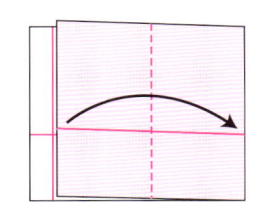

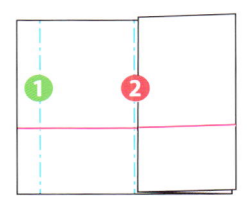

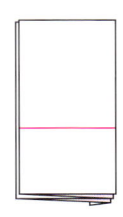

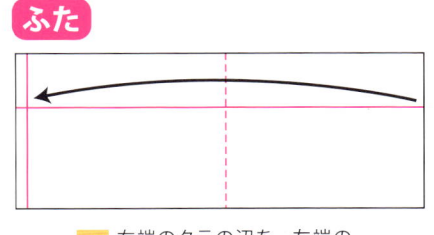

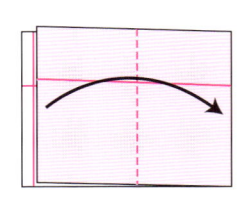

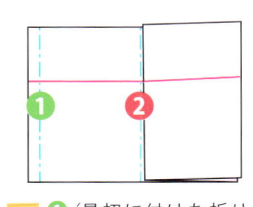

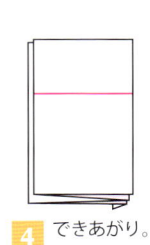

1. 右端のタテの辺を、左端の辺のすぐヨコ・内側にある折り筋に合わせて折ります。
2. 上の1枚だけを、谷折りで右端のタテの辺に合わせて折ります。
3. ❶（最初に付けた折り筋）を山折りして、次に❷を山折りしましょう。
4. できあがり。

**ふた**

（同じ手順）

⇩ 用紙を折ったあと、いったん開いて、―――のところに切り込みを入れてください。

**本体**
端の角は切り落とす
底になる部分

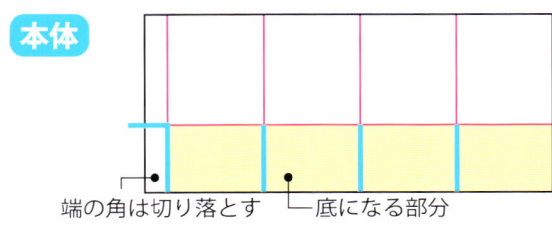

**ふた**
端の角は切り落とす
天面になる部分

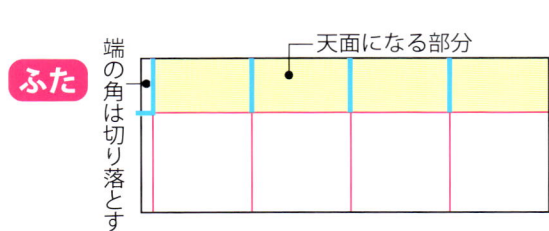

#46 クローバー
型紙 85p

#47 四角形の模様
型紙 85p

## ■両開きフォト・フレーム

素敵な思い出を華やかに縁どって、あの人に贈ってみましょう。

#46 クローバー／ #47 四角形の模様
- 紙のサイズ／ 180×250mm
- 折り方／長方形に4つ折り

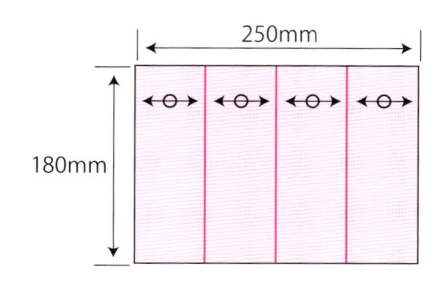

⇐ 用紙を左の図のサイズに切ったあと、——のところに折り筋を付けてください。

こまかな採寸をする前に、全体をジャバラ折りにして——の折り筋を付けると、わかりやすくなります。

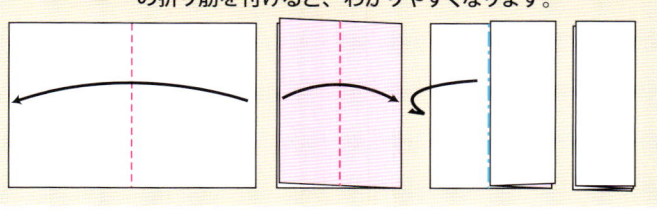

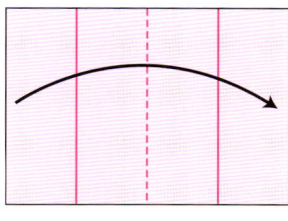

**1** 長い辺を2等分して、全体を谷折りで半分に折ります。

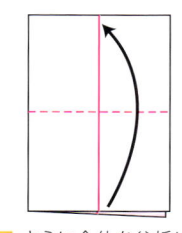

**2** さらに全体を谷折りで半分に折ります。

**3** できあがり。

写真の角を、作品の内側の切り込みに入れて固定します。

#48 ブーケ
型紙 90p

#49 パンダ
型紙 90p

# 連結フォト・フレーム

お気に入りの写真を、たくさん壁に貼って、笑顔の花を咲かせましょう。

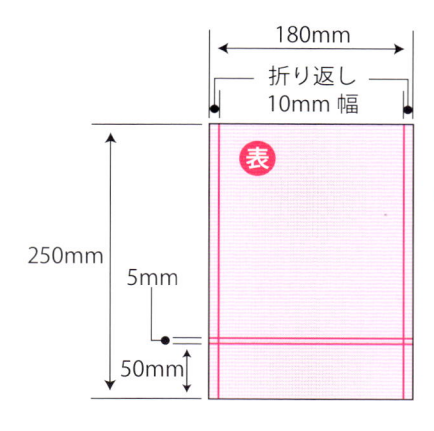

180mm
折り返し 10mm 幅
250mm
5mm
50mm
表

#48 ブーケ／#49 パンダ
● 紙のサイズ／180×250mm　● 折り方／長方形に2つ折り

⇦ 用紙を左の図のサイズに切ったあと、
――― のところに折り筋を付けてください。

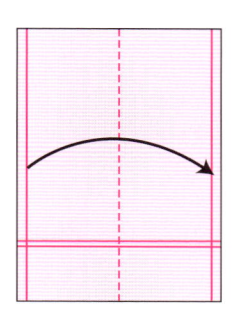

**1** 短い辺を2等分して、全体を谷折りで半分に折ります。

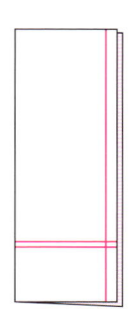

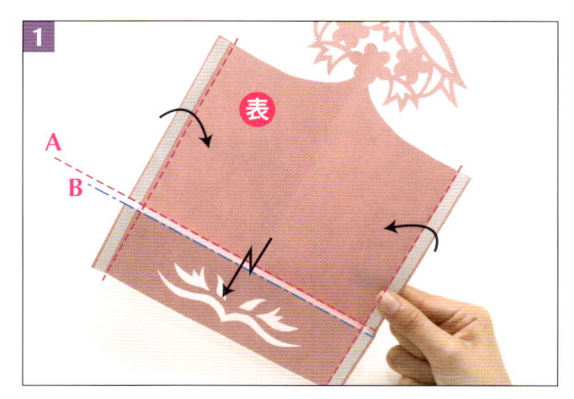

**2** できあがり。

**1** 左右の端に、両面テープか接着剤を付けてから、Aは谷折り、Bは山折りをして、段を作ります。そのあと、左右の端を、それぞれ内側に折り返します。

**2** 飾りの部分を、折る位置に注意して、折り下げます。

**3** 飾りの部分を、もう1つの作品の窓に通します。

私の好きな色で、部屋が華やいでいく

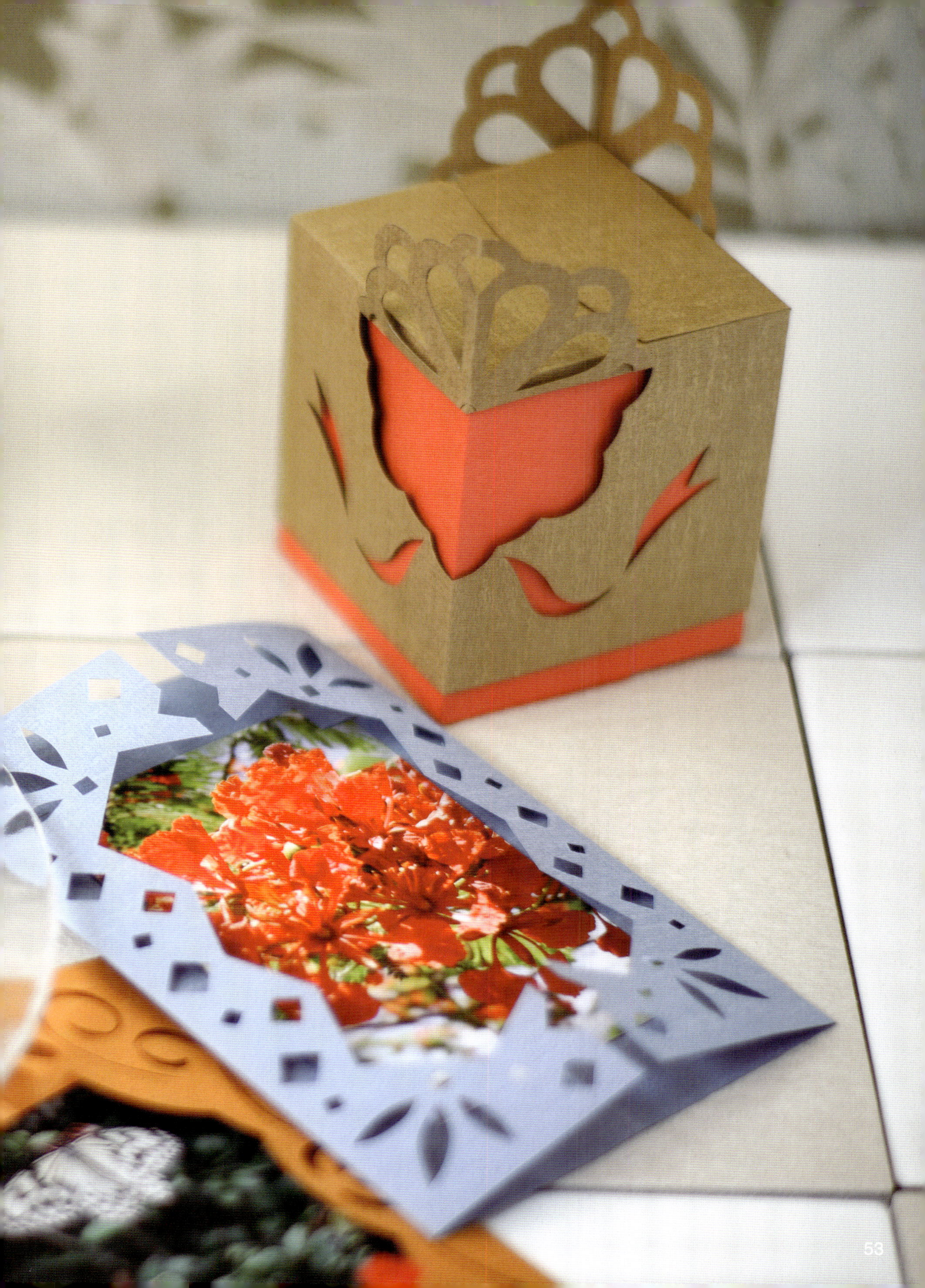

## アクセサリー・プレート

花のまわりで、アクセサリーが露のようにキラキラ輝いて。

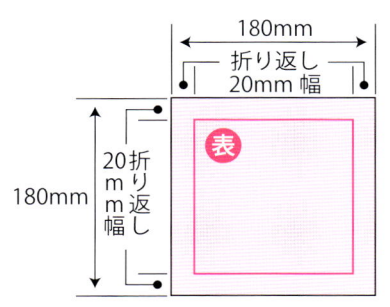

#50 ガーベラ／#51 バラ
- 紙のサイズ／180×180mm
- 折り方／三角形に8つ折り

⇦ 用紙を左の図のサイズに切ったあと、——— のところに折り筋を付けてください。

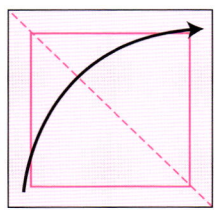

1. 対角線を谷折りして、半分の三角形にします。
2. さらに半分の三角形にします。
3. 最初に❶で、上の1枚だけを谷折りします。次に、裏で❷を❶と同じように折ります。
4. できあがり。

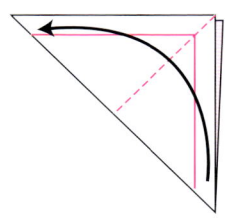

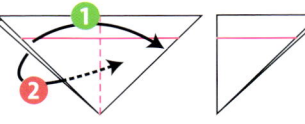

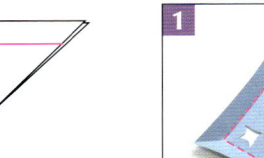

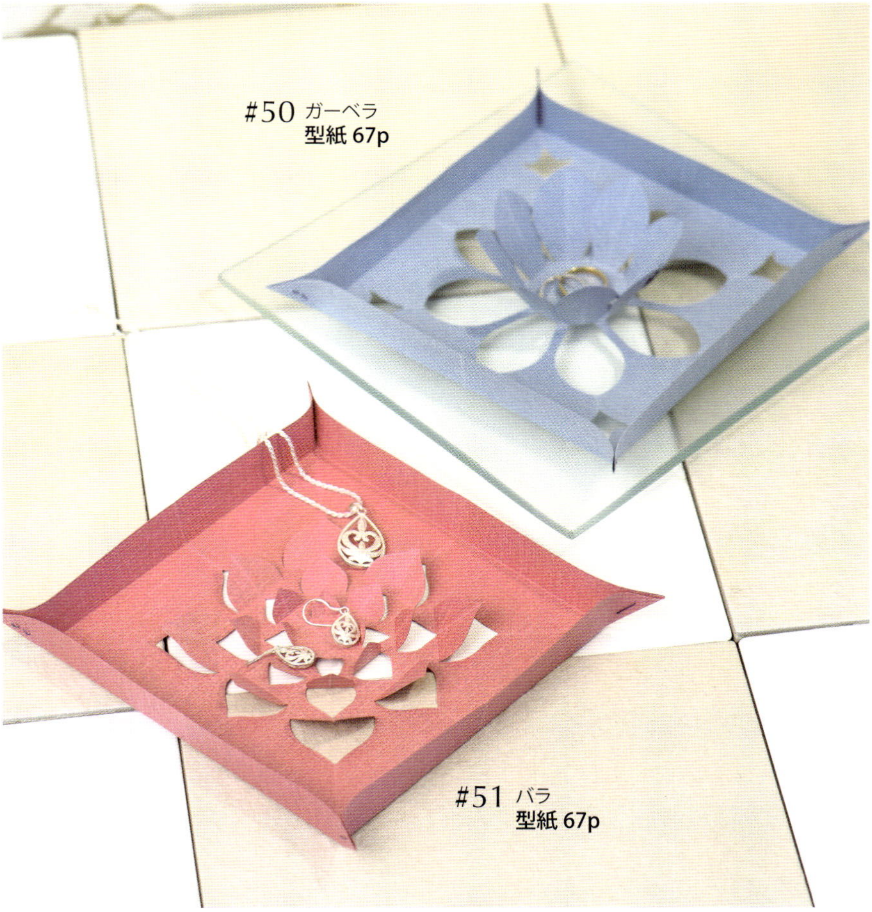

1. 作品の縁の4辺の少し内側を谷折りして、底を作ります。 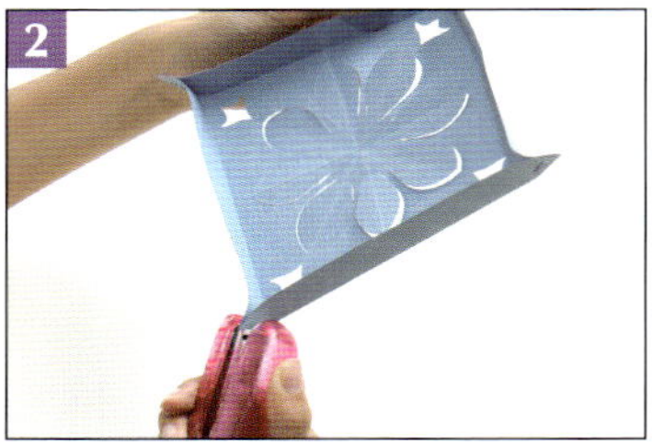
2. 4つの角をそれぞれつまんでとがらせて、ホッチキスでとめます。 
3. ガーベラでは、すべての花びらを折り起こして、縁を少し重ねて接着していきます。

バラでは、花びらの付け根を谷折りして、花びらを起こしましょう。

#50 ガーベラ
型紙 67p

#51 バラ
型紙 67p

# アクセサリー・スタンド

とがったところに、小さな丸い穴に、リングやピアスを飾って。

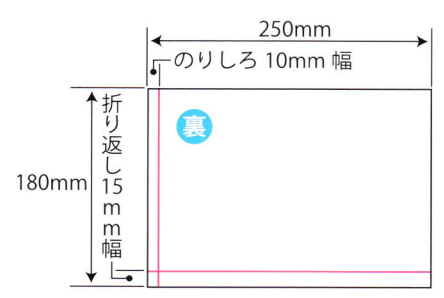

250mm
のりしろ 10mm 幅
裏
折り返し 15mm 幅
180mm

#52 スタンド A ／ #53 スタンド B
- 紙のサイズ／180×250mm
- 折り方／のりしろ 10mm を除いてジャバラ折り

⇦ 用紙を左の図のサイズに切ったあと、——— のところに折り筋を付けてください。

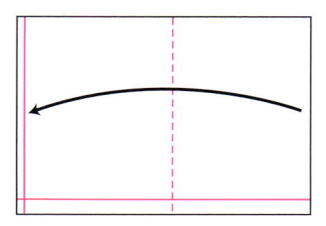

**1** 右端のタテの辺を、左端から 10mm 内側にある折り筋に合わせて折ります。

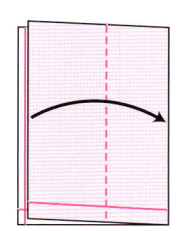

**2** 上の 1 枚だけを、谷折りで右端のタテの辺に合わせて折ります。

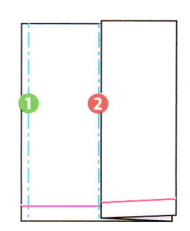

**3** ①（最初に付けた折り筋）を山折りして、次に②を山折りしましょう。

**4** できあがり。

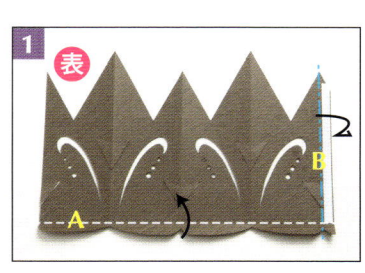

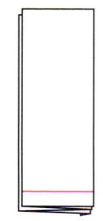

**1** 最初に下の部分 A を谷折りで折り上げ、次にのりしろの B を山折りします。

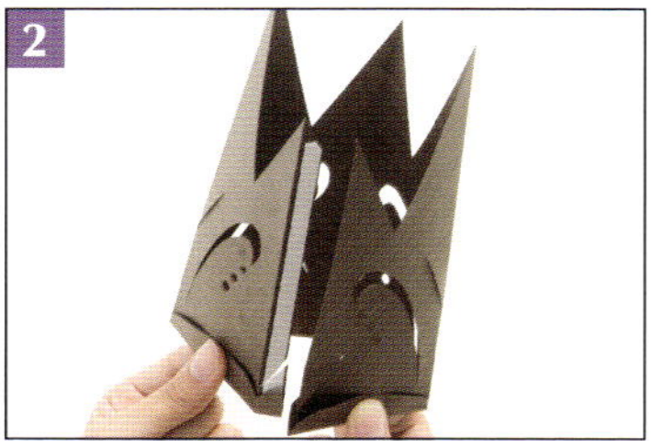

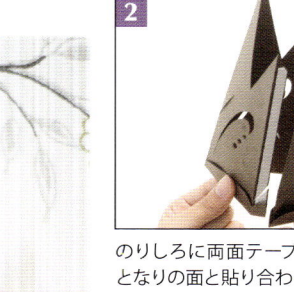

**2** のりしろに両面テープか接着剤を付けて、となりの面と貼り合わせます。

**3** 角柱を写真のように平たくして、三角形の部分を折り上げます。

**4** 先をつまみ、前に引き出したあと、○で囲んだ部分をつまんで、形を固定させます。

#52 スタンド A
型紙 91p

#53 スタンド B
型紙 91p

#54 花火
型紙 92p

#55 ハート
型紙 92p

# キャンドル・カバー

キャンドルはグラスの中に入れて炎を灯してください。紙と炎で美しい形を部屋中に描きます。

※紙に火が移らないように、キャンドルは背の低いものを選び、必ずガラスの容器に入れて下さい。
炎が容器の外に出ないように注意しましょう。

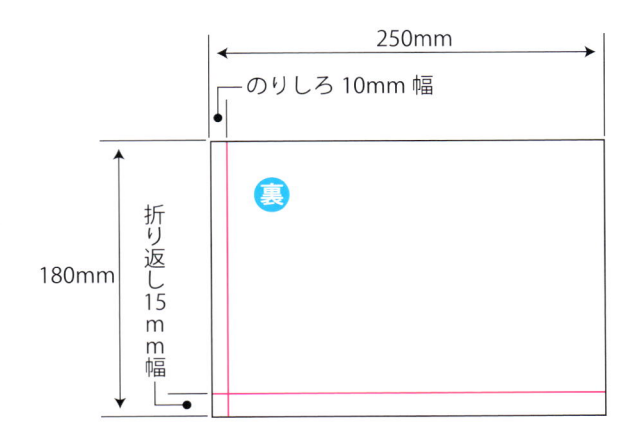

250mm
のりしろ 10mm 幅
裏
折り返し 15mm 幅
180mm

#54 花火／#55 ハート
- 紙のサイズ／180×250mm
- 折り方／のりしろ 10mmを除いてジャバラ折り

⇐ 用紙を左の図のサイズに切ったあと、
――― のところに折り筋を付けてください。

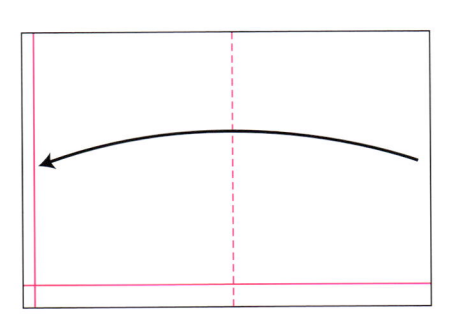

1. 右端のタテの辺を、左端から 10mm 内側にある折り筋に合わせて折ります。

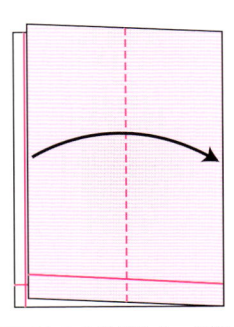

2. 上の1枚だけを、谷折りで右端のタテの辺に合わせて折ります。

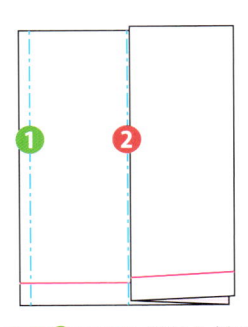

3. ❶（最初に付けた折り筋）を山折りして、次に❷を山折りしましょう。

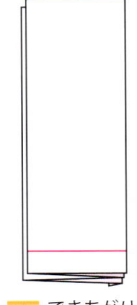

4. できあがり。

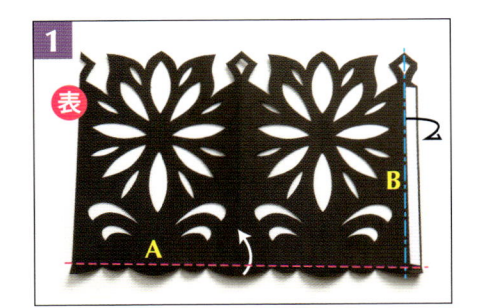

1. 最初に下の部分 A を谷折りで折り上げ、次にのりしろの B を山折りします。

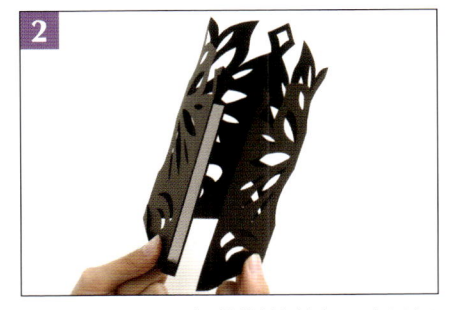

2. のりしろに両面テープか接着剤を付けて、となりの面と貼り合わせます。

57

58

かわいいだけでなく、きっと便利さにも驚くはず

## ノートのタイトル札

ノートのタイトルが書き込めて、ヨコにはハート型のしおりが。

#56 札A／#57 札B
- 紙のサイズ／125×180mm
- 折り方／長方形に2つ折り

⇩ 用紙を下の図のサイズに切ったあと、
——— のところに折り筋を付けてください。

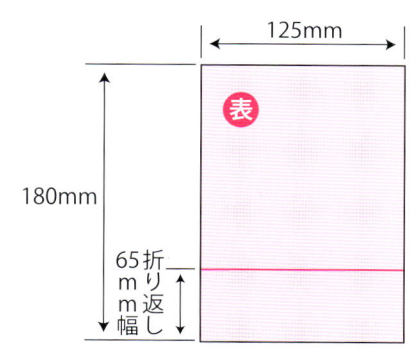

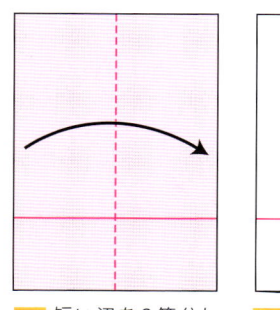

125mm / 180mm / 65mm 折り返し幅

**1** 短い辺を2等分して、全体を谷折りで半分に折ります。

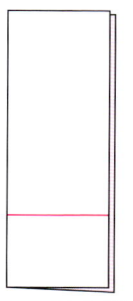

**2** できあがり。

**1** ノートの縁とAの折り筋を合わせて、作品をノートの表紙に接着します。

**2** Aの折り筋を使って、ハートの部分をしおりとして活用してください。

#56 札A 型紙 93p
#57 札B 型紙 93p

#58 札A
型紙 84p

#59 札B
型紙 84p

## ペン差し札

ノートとペンをセットで持ち歩くときに便利。

#58 札A ／ #59 札B
- 紙のサイズ／ 125×180mm　●折り方／長方形に2つ折り

⇩ 用紙を下の図のサイズに切ったあと、
　── のところに折り筋を付けてください。

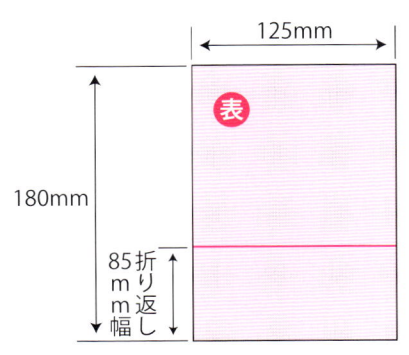

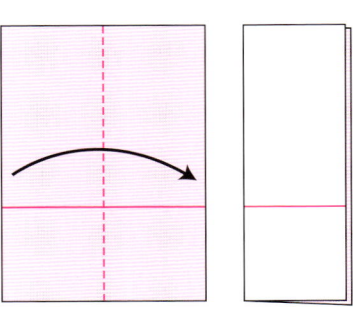

125mm
180mm
85mm 折り返し幅

表

**1** 短い辺を2等分して、全体を谷折りで半分に折ります。

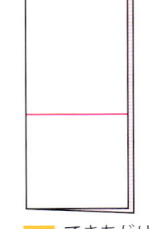

**2** できあがり。

**1** Aより上の部分の裏に、両面テープか接着剤を付けて、作品をノートの表紙に接着します。次に、Aは谷折り、Bは山折りをして、段を作ります。

**2** ペンを作品の穴に通して差し込み、ペンのフックを作品の前面に引っかけて固定させましょう。

#60 ハート
型紙 95p

#61 パンダ
型紙 95p

## ペン立て

使い終わった乾電池を2本ほど底に入れておくと、倒れないで安定します。

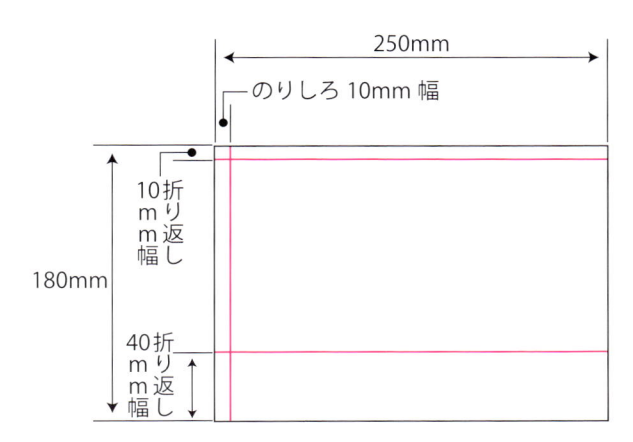

250mm
のりしろ 10mm 幅
10mm 折り返し幅
180mm
40mm 折り返し幅

#60 ハート／#61 パンダ
●紙のサイズ／180×250mm
●折り方／のりしろ10mmを除いてジャバラ折り

⇦ 用紙を左の図のサイズに切ったあと、——— のところに折り筋を付けてください。

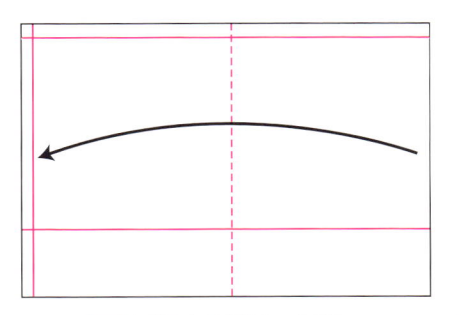

1 右端のタテの辺を、左端から10mm内側にある折り筋に合わせて折ります。

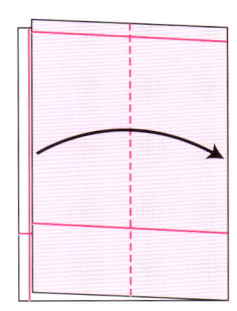

2 上の1枚だけを、谷折りで右端のタテの辺に合わせて折ります。

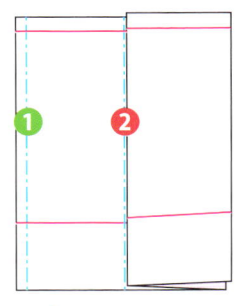

3 ❶（最初に付けた折り筋）を山折りして、次に❷を山折りしましょう。

4 できあがり。

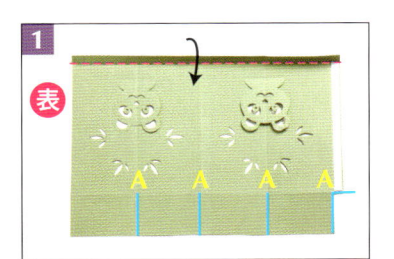

1 4か所のAに切り込みを入れます（右端の角は切り落とす）。右端ののりしろに、両面テープか接着剤を付けたあと、上部を折り返しましょう。

2 パンダでは、ここでパンダの飾りを折り上げます。

3 のりしろを、となりの面と貼り合わせます。

4 番号の順に面を接着しながら重ねて、底を作ります。

ハートは、ハート型の部分の付け根を谷折りして、起こしましょう。

#62 カエル
型紙 86p

#63 ネコ
型紙 87p

## しおり

かわいいだけではありません、本から落ちにくいのも自慢です。

#62 カエル／ #63 ネコ
- 紙のサイズ／ 60×180mm
- 折り方／長方形に2つ折り

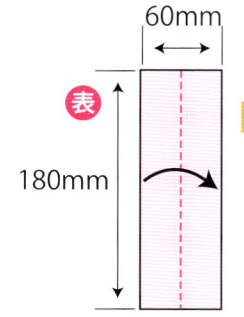

60mm
表
180mm

**1** 短い辺を2等分して、全体を谷折りで半分に折ります。

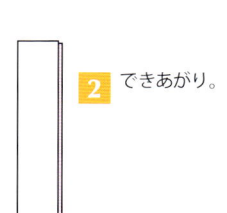

**2** できあがり。

本を閉じると、動物の目や耳だけが飛び出します。

**1** 動物の顔の左右を山折りして、上部を裏に折り返します。

**2** 動物の顔を前に折り返します。

**3** ページをはさむようにして、しおりを取り付けます。

コピーをとって使える
# 型紙集

コピーをとって使えば、下書きをしなくても OK。同じ作品をたくさん作るときにも便利です！

## 型紙は基本的に原寸版を掲載しています。

型紙を見ながら下書きを別の用紙に書き写す以外に、型紙のコピーを折った紙に重ねて、余白の部分をホッチキスでとめ、いっしょに切って作品を仕上げてもいいでしょう。

## 下記の表示がある型紙は 125%に拡大してコピーをとってください。

一部の作品で、型紙が本の大きさを越えてしまうので、縮小版を掲載しています。その型紙を 125%で拡大すると、見本の完成作品と同じ大きさで作品を仕上げることができきます。

この表示に注意！

**125% 拡大コピー** #00　#00 は下の型紙を 125%の比率で拡大コピーして使ってください。

## 自由な大きさにも挑戦してください。

コピー機を使って、型紙を自由に拡大・縮小し、お好みのサイズに作品を仕上げてもかまいません。作品の大きさが違うと、用途が広がる場合もあります。

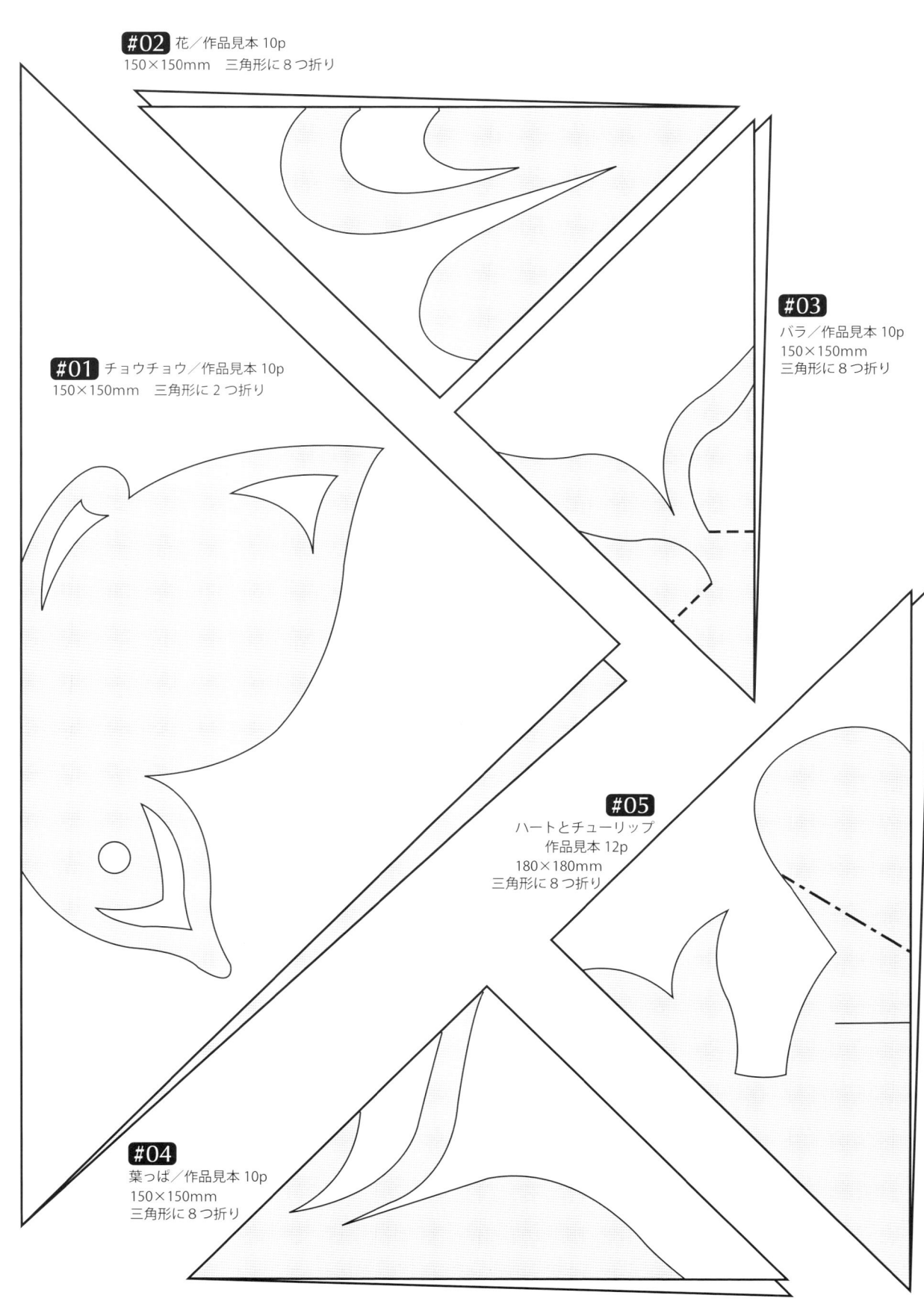

#02 花／作品見本 10p
150×150mm 三角形に8つ折り

#03
バラ／作品見本 10p
150×150mm
三角形に8つ折り

#01 チョウチョウ／作品見本 10p
150×150mm 三角形に2つ折り

#05
ハートとチューリップ
作品見本 12p
180×180mm
三角形に8つ折り

#04
葉っぱ／作品見本 10p
150×150mm
三角形に8つ折り

———— ハサミまたはカッターで切る　　- - - - - 切って開いた表から見て、谷折りする
———— 形を切る前に折り筋を入れる　　-・-・- 切って開いた表から見て、山折りする

#06 チョウチョウと葉っぱ／作品見本 12p　180×180mm　三角形に8つ折り

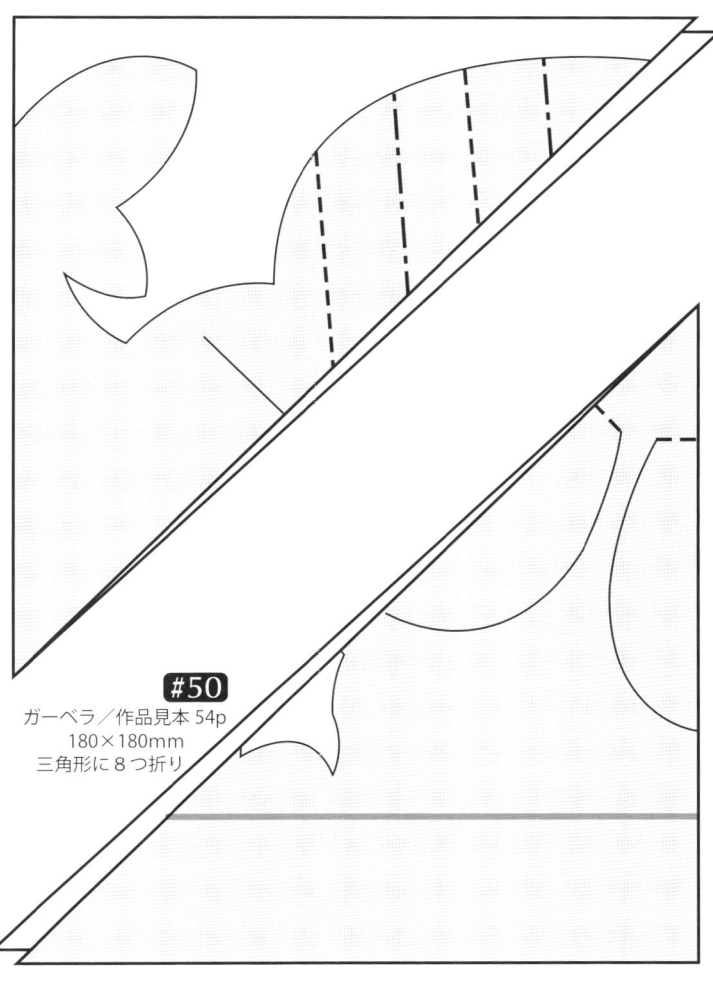

#13 花／作品見本 22p
125×180mm　長方形に4つ折り

#50 ガーベラ／作品見本 54p
180×180mm
三角形に8つ折り

#14 葉っぱ／作品見本 22p
125×180mm　長方形に4つ折り

#51 バラ／作品見本 54p
180×180mm
三角形に8つ折り

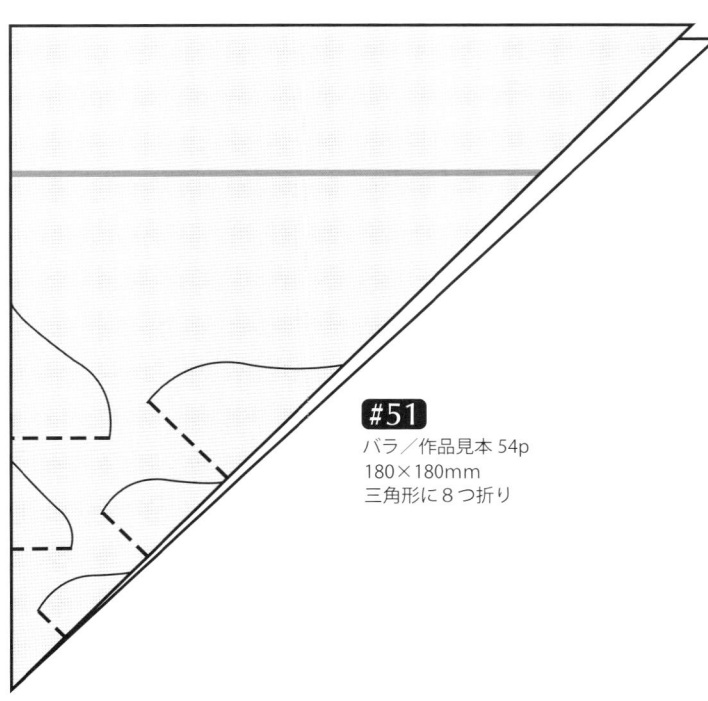

#07 花／作品見本 14p　　250×360mm　　長方形に4つ折り

ハサミまたはカッターで切る
形を切る前に折り筋を入れる
切って開いた表から見て、谷折りする
切って開いた表から見て、山折りする

#08 クローバー／作品見本 14p　250×360mm　長方形に4つ折り

## 125% 拡大コピー　#09 #10 は下の型紙を125%の比率で拡大コピーして使ってください。

**#09** ハート／作品見本 16p
250×360mm　のりしろ 10mmを除いてジャバラ折り

**#10** リボン／作品見本 16p
250×360mm　のりしろ 10mmを除いてジャバラ折り

――― ハサミまたはカッターで切る
――― 形を切る前に折り筋を入れる
- - - 切って開いた表から見て、谷折りする
――― 切って開いた表から見て、山折りする

## 125% 拡大コピー   #15  #16 は下の型紙を125％の比率で拡大コピーして使ってください。

#15 花／作品見本 23p　250×90mm　長方形に2つ折り

#16 小鳥／作品見本 23p　250×90mm　長方形に2つ折り

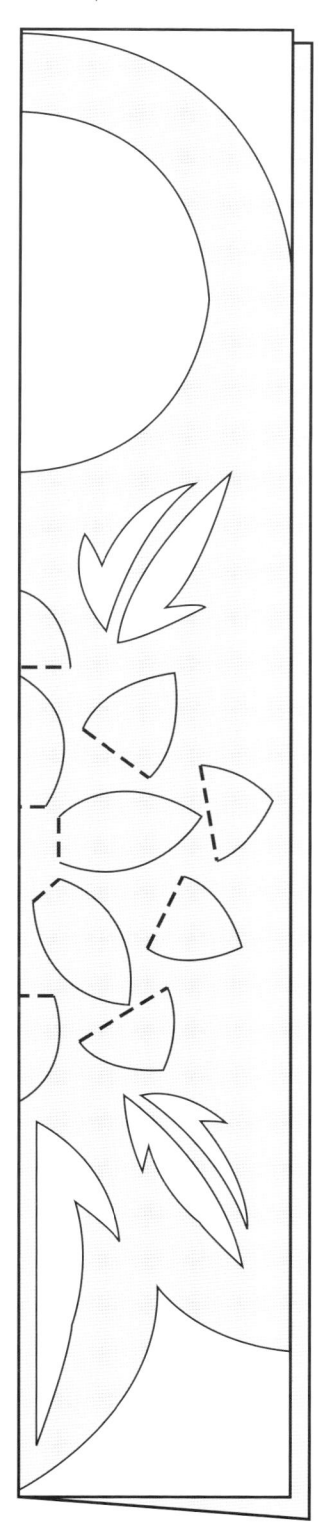

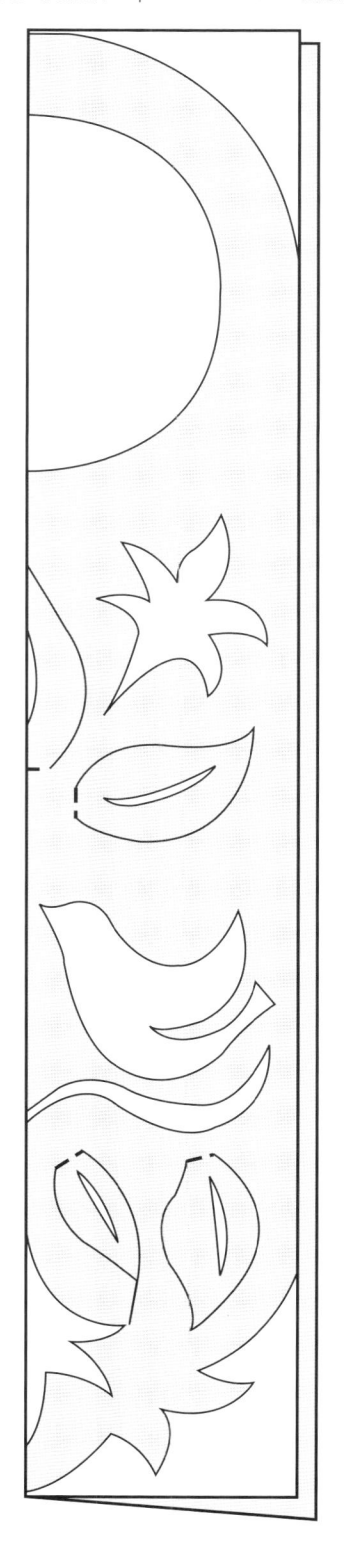

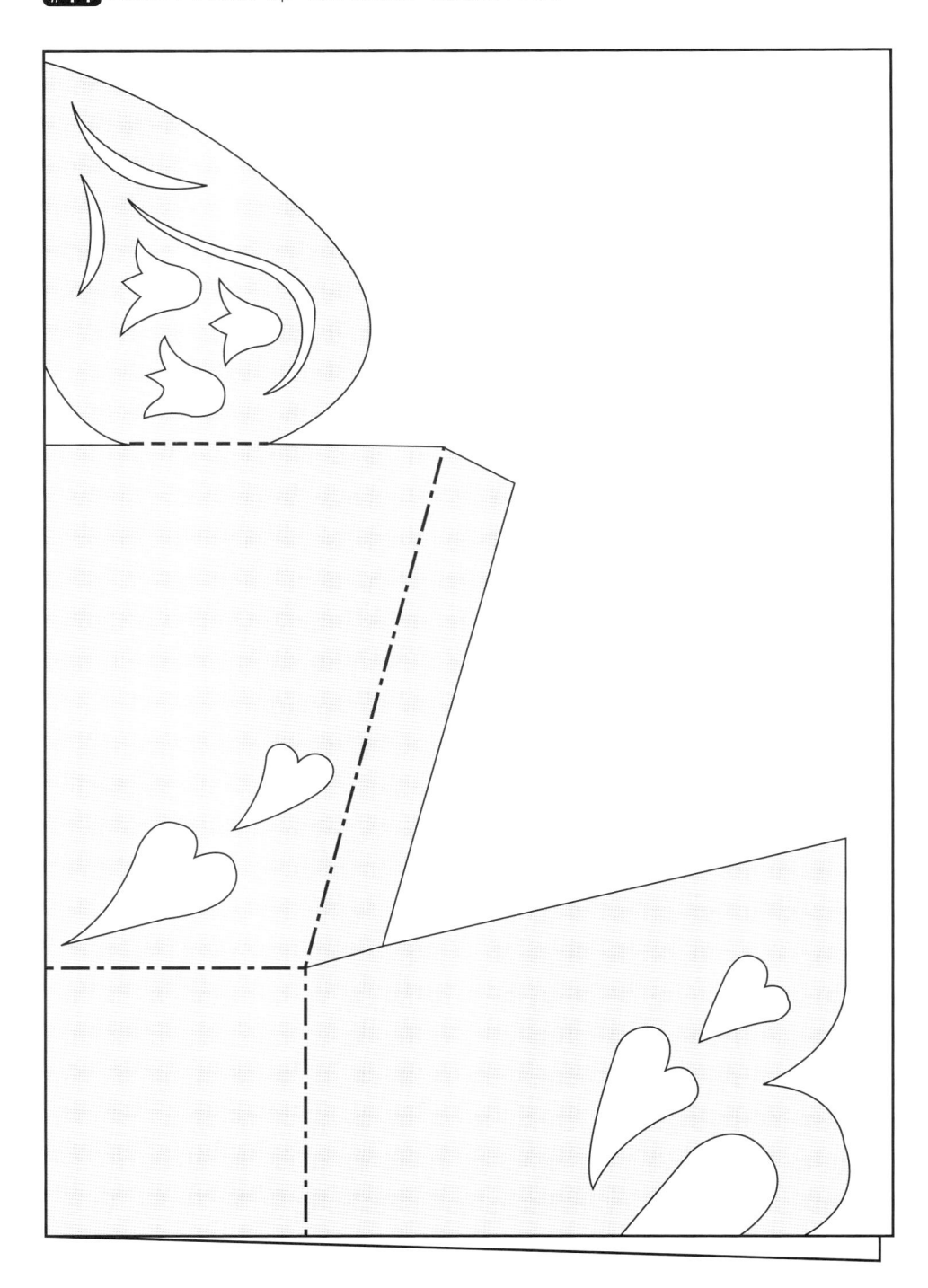

**#11** スズラン／作品見本 18p　250×360mm　長方形に4つ折り

72　　　―――― ハサミまたはカッターで切る　　―・―・― 切って開いた表から見て、谷折りする
　　　　　―――― 形を切る前に折り筋を入れる　　― ― ― 切って開いた表から見て、山折りする

#12 ブーケ／作品見本 18p　250×360mm　長方形に4つ折り

## 125% 拡大コピー  #17 #18 は下の型紙を125%の比率で拡大コピーして使ってください。

**#17** 水のイメージ／作品見本 24p
180×250mm　長方形に2つ折り

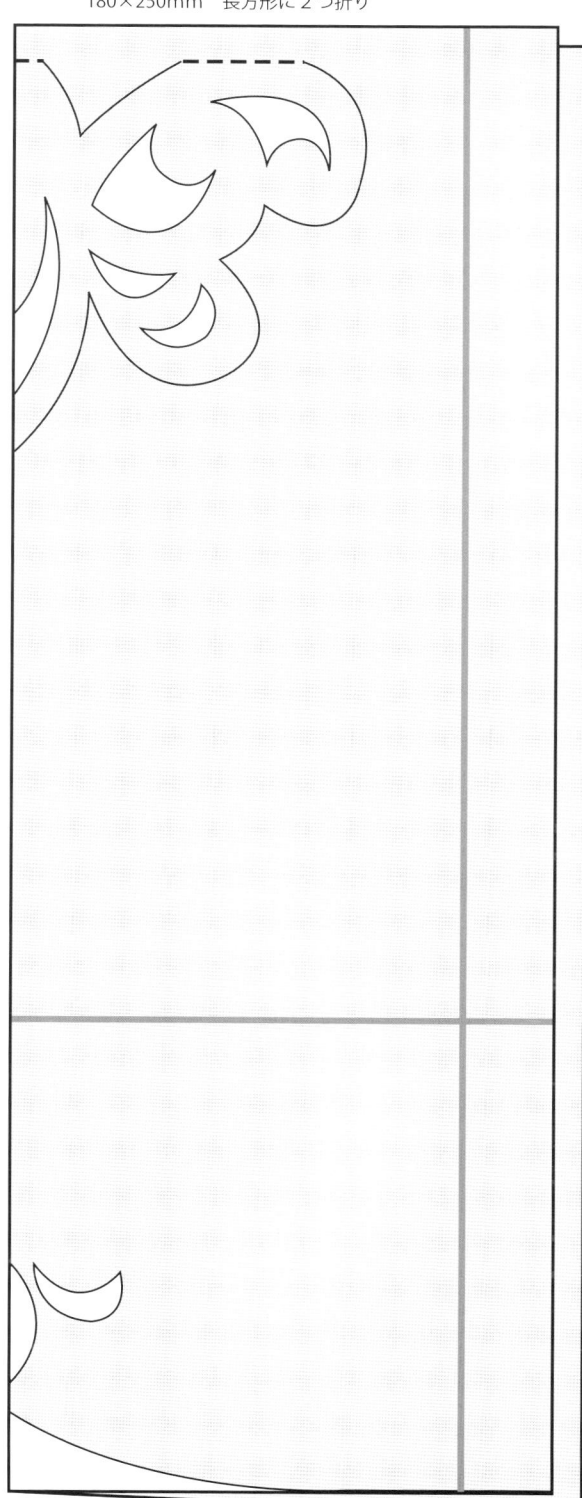

**#18** 植物のイメージ／作品見本 24p
180×250mm　長方形に2つ折り

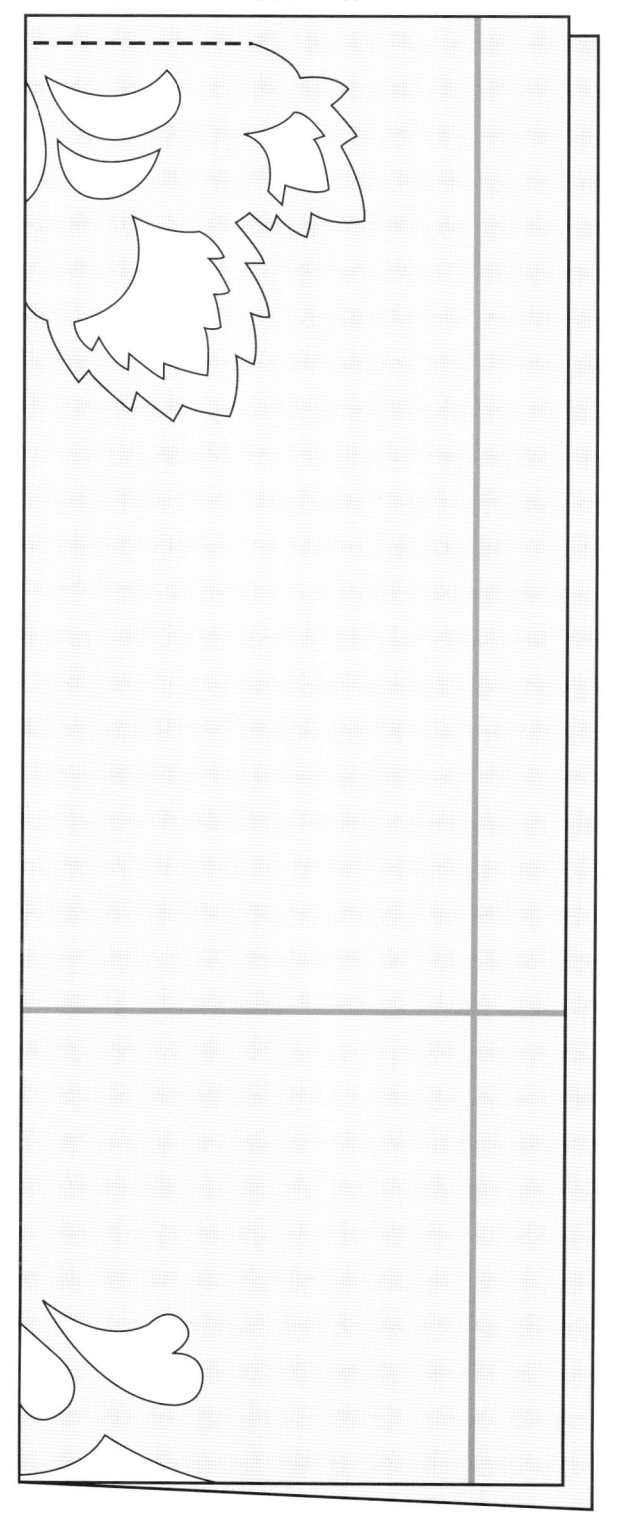

ハサミまたはカッターで切る
形を切る前に折り筋を入れる
切って開いた表から見て、谷折りする
切って開いた表から見て、山折りする

# 125% 拡大コピー

#25 #26 は下の型紙を125%の比率で拡大コピーして使ってください。

**#25** ハート／作品見本 30p
180×250mm　長方形に2つ折り

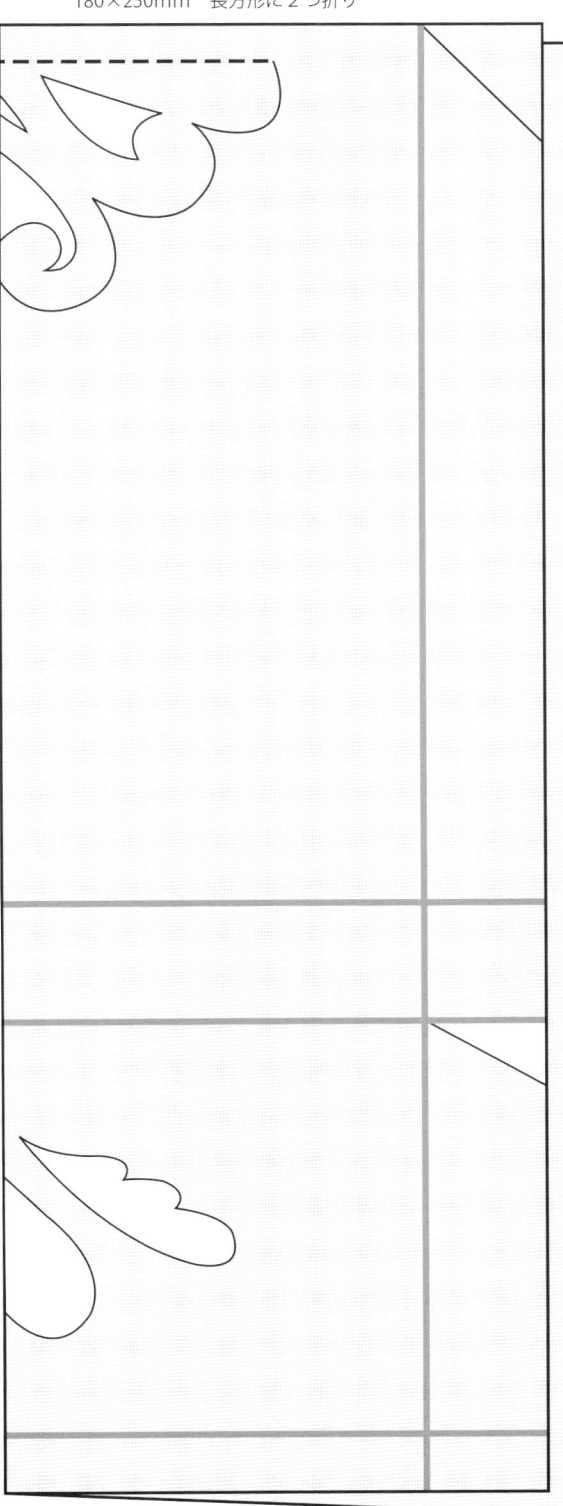

**#26** 線香花火／作品見本 30p
180×250mm　長方形に2つ折り

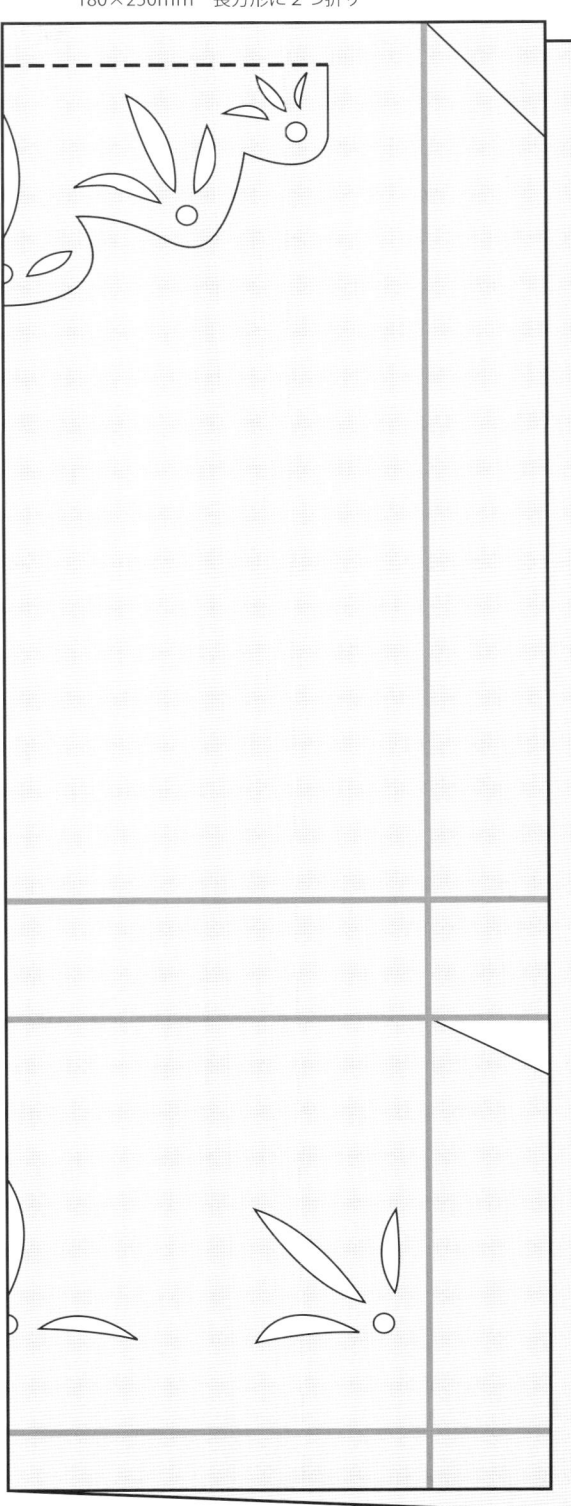

#19 ハートのイメージ／作品見本 26p　　180×250mm　　長方形に2つ折り

**#20** 雲のイメージ／作品見本 26p　180×250mm　長方形に2つ折り

## 125% 拡大コピー   #23 #24 は下の型紙を125%の比率で拡大コピーして使ってください。

#23 金魚／作品見本 29p
250×360mm　ジャバラ折り

#24 花／作品見本 29p
250×360mm　ジャバラ折り

———— ハサミまたはカッターで切る　　- - - - - 切って開いた表から見て、谷折りする
———— 形を切る前に折り筋を入れる　　-・-・- 切って開いた表から見て、山折りする

## 125% 拡大コピー   #27 #28 は下の型紙を125%の比率で拡大コピーして使ってください。

#27 花／作品見本 32p
180×250mm　長方形に2つ折り

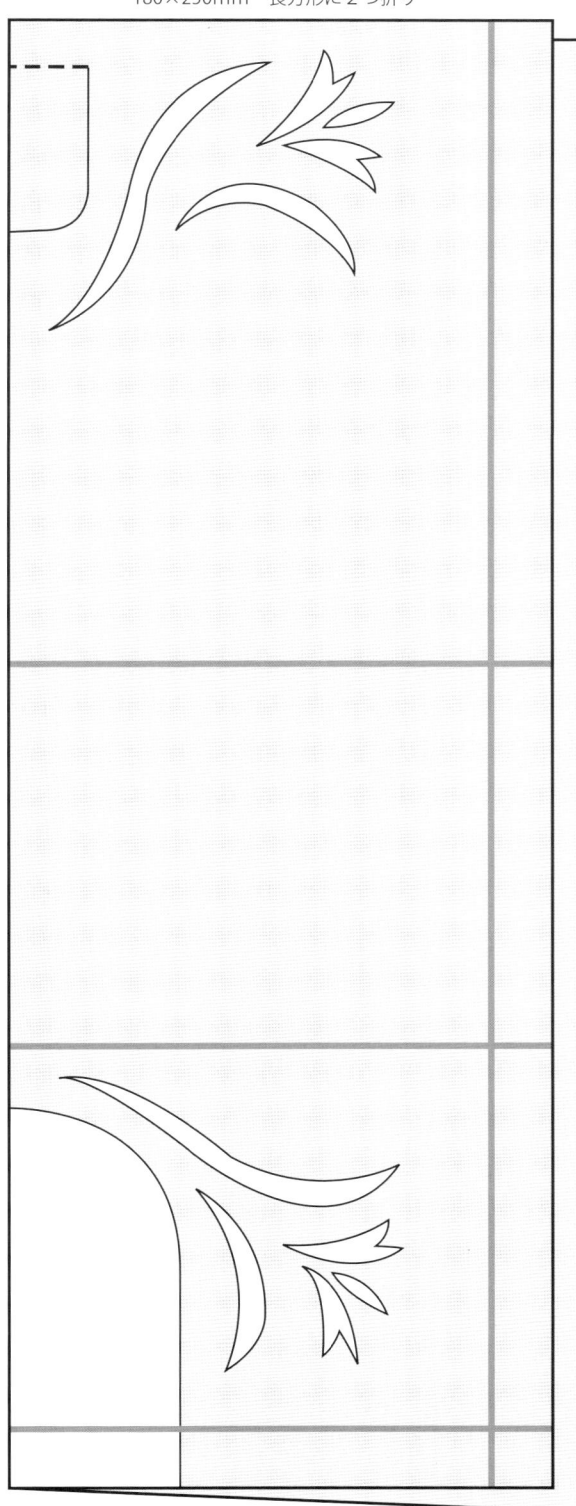

#28 小鳥／作品見本 32p
180×250mm　長方形に2つ折り

**#29** 花／作品見本 34p　180×250mm　長方形に2つ折り

#30 ヨット／作品見本 34p　180×250mm　長方形に 2 つ折り

#31 ヒイラギ／作品見本 36p　　210×334mm　　長方形に4つ折り

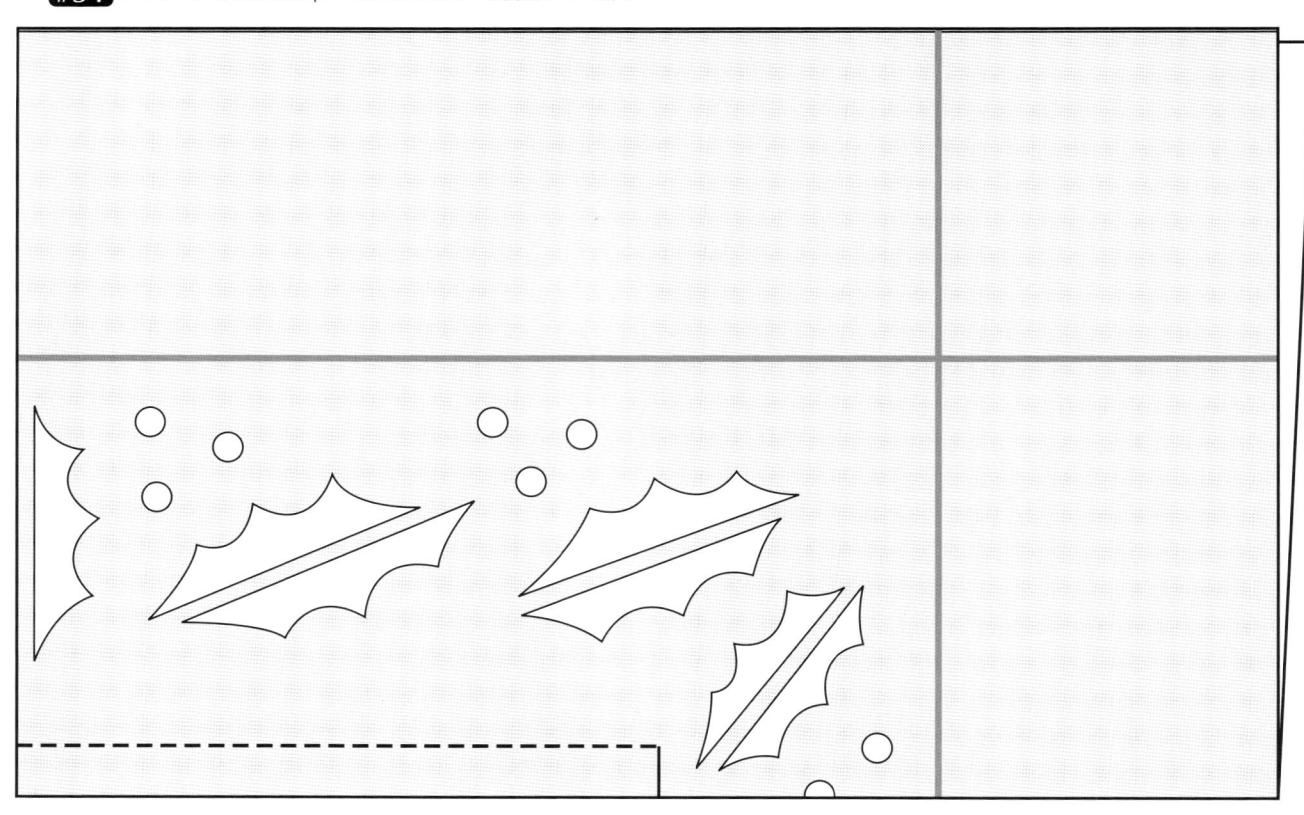

#32 野の草花／作品見本 36p　　210×334mm　　長方形に4つ折り

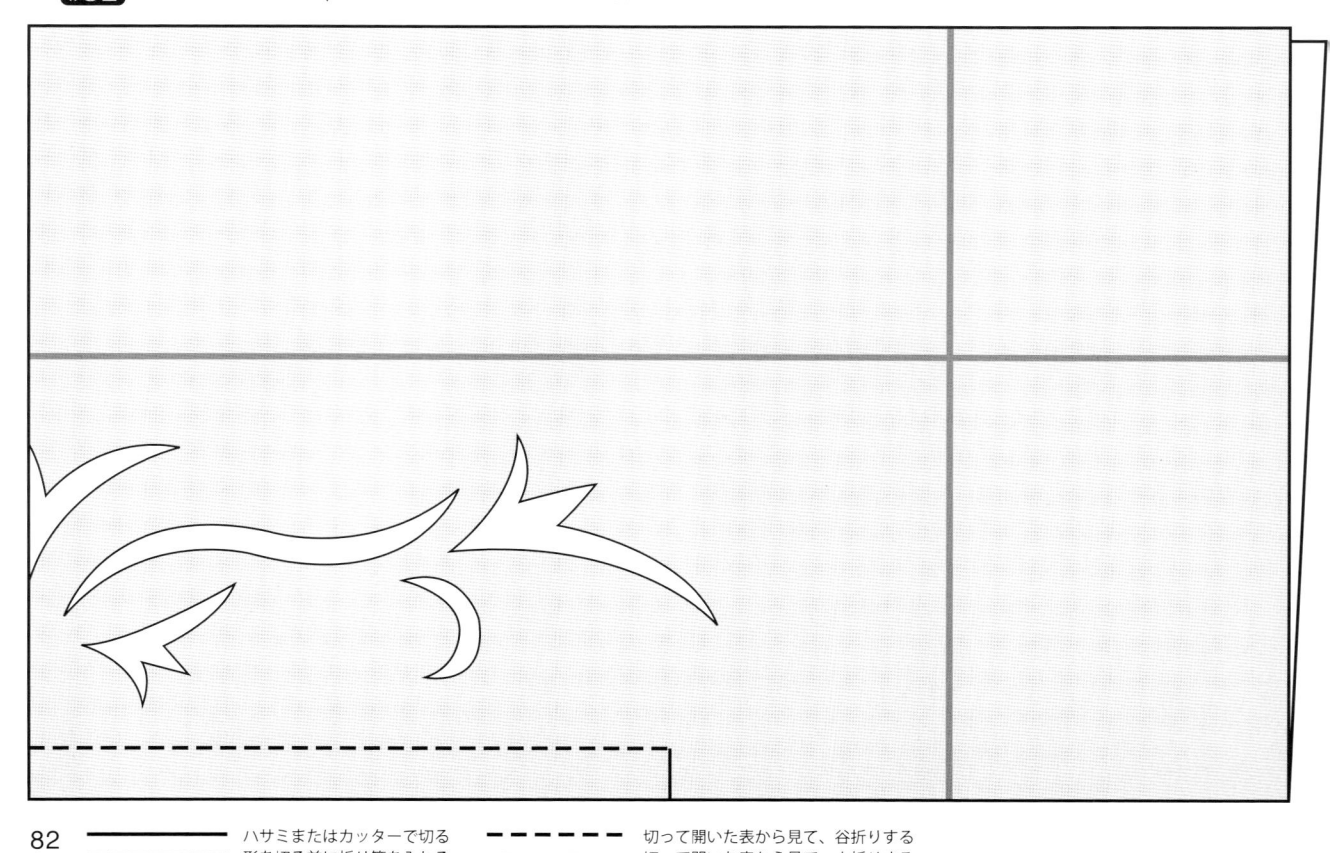

82　──── ハサミまたはカッターで切る　　──── 切って開いた表から見て、谷折りする
　　　──── 形を切る前に折り筋を入れる　　──── 切って開いた表から見て、山折りする

#33 葉っぱ／作品見本 38p　　200×320mm　　長方形に4つ折り

#34 ナデシコ／作品見本 38p　　200×320mm　　長方形に4つ折り

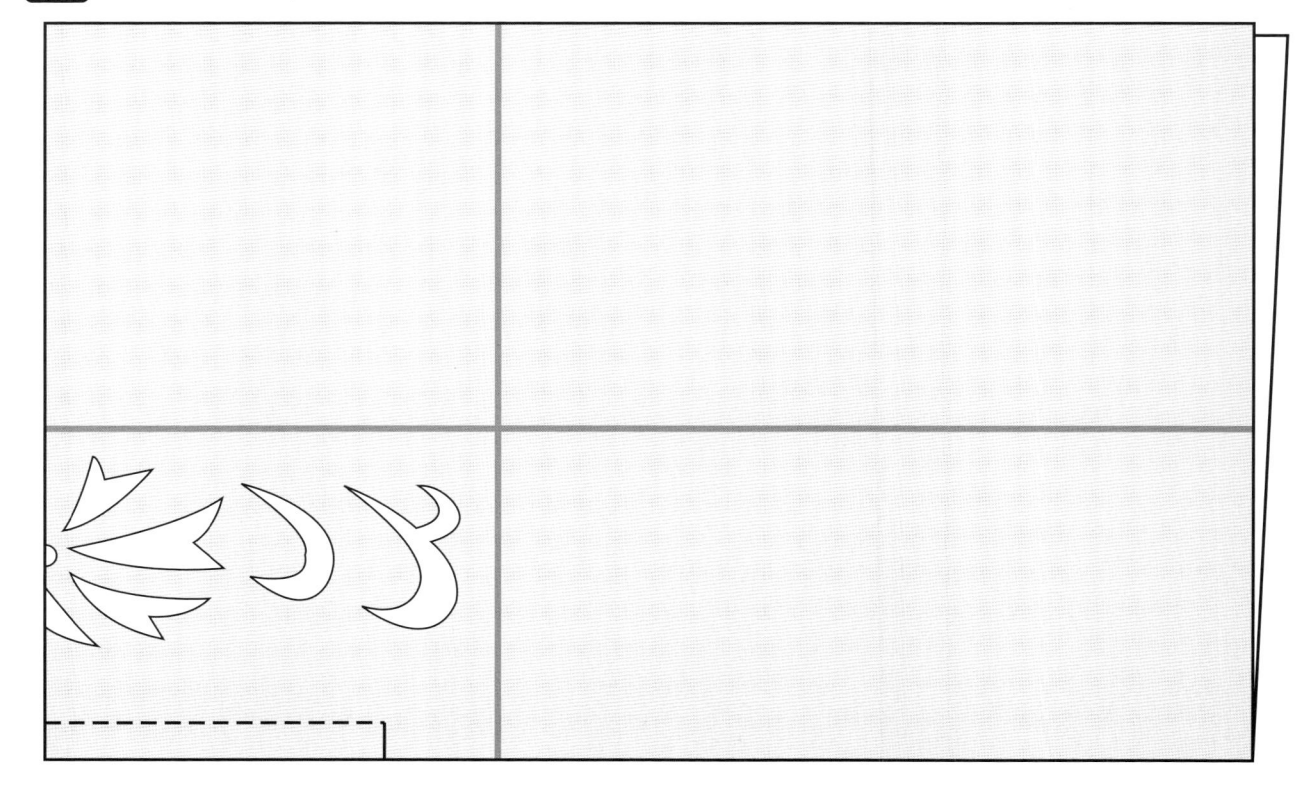

#35 葉っぱA／作品見本 40p　　150×150mm　　三角形に8つ折り

#37 花B／作品見本 40p　　150×150mm　　三角形に8つ折り

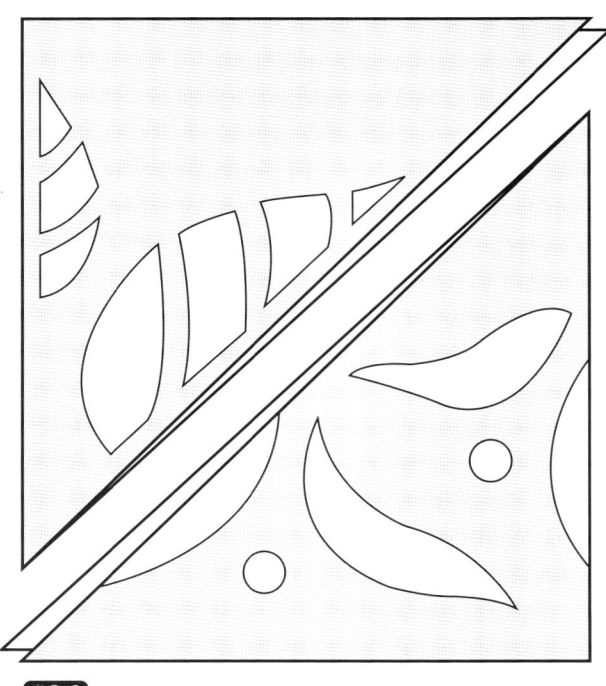

#36 花A／作品見本 40p　　150×150mm　　三角形に8つ折り

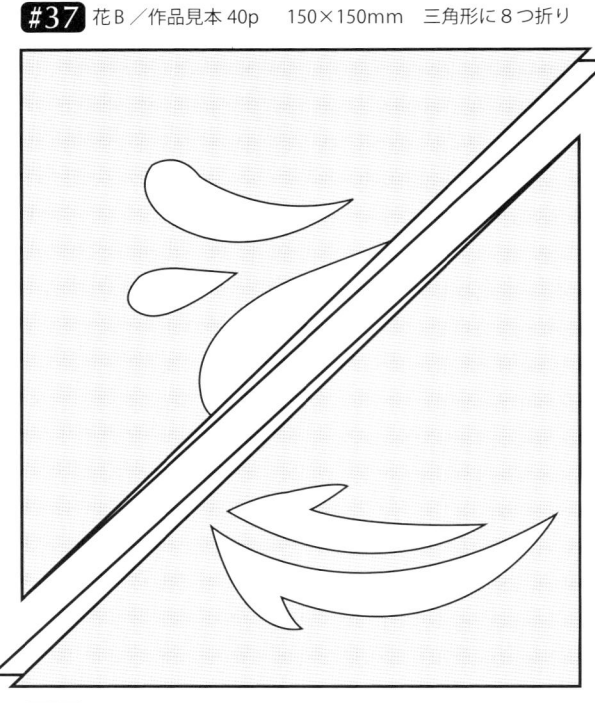

#38 葉っぱB／作品見本 40p　　150×150mm　　三角形に8つ折り

#39 ダリア／作品見本 40p　　150×150mm　　三角形に8つ折り

#40 ハート／作品見本 40p　　150×150mm　　三角形に8つ折り

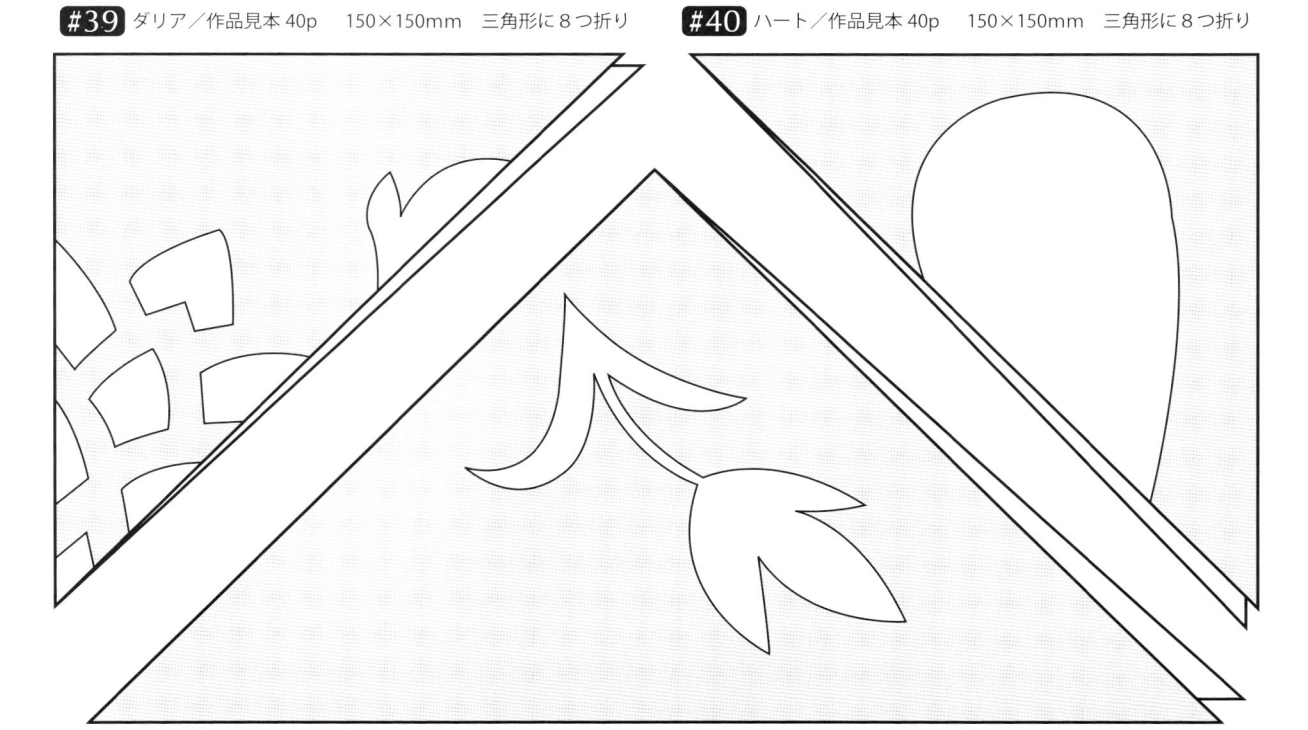

#41 チューリップ／作品見本 40p　　150×150mm　　三角形に4つ折り

― ハサミまたはカッターで切る
― 形を切る前に折り筋を入れる
------ 切って開いた表から見て、谷折りする
------ 切って開いた表から見て、山折りする

#46 クローバー／作品見本 48p　　180×250mm　　長方形に４つ折り

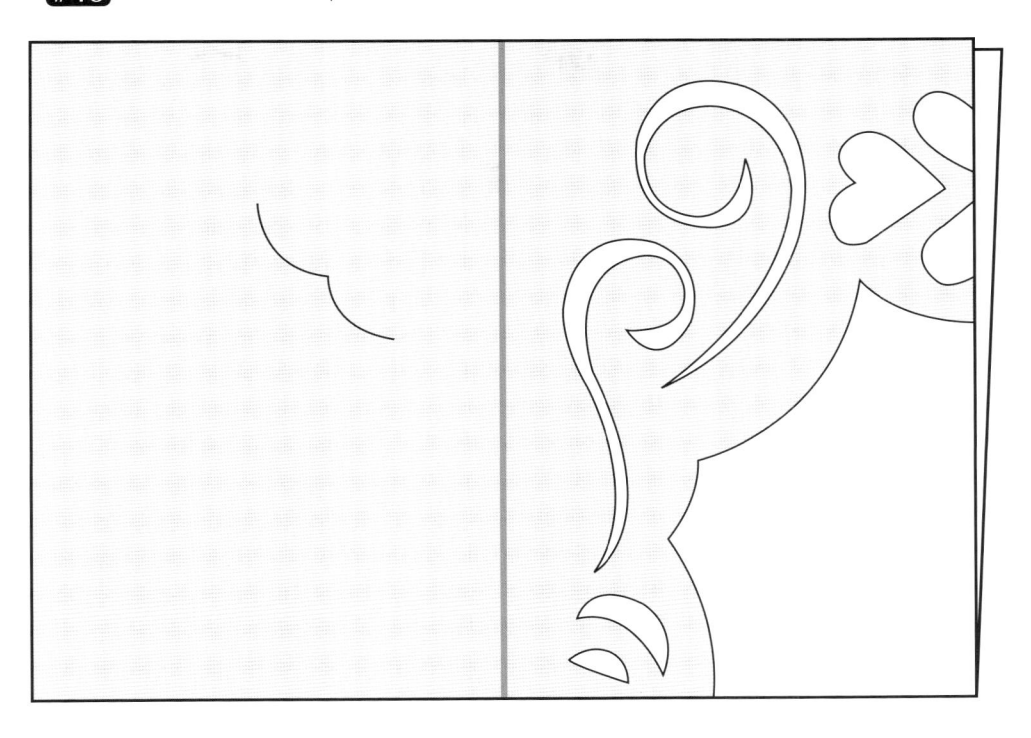

#47 四角形の模様／作品見本 48p　　180×250mm　　長方形に４つ折り

#42 花とハート／作品見本 44p　250×360mm　長方形に4つ折り

#62
カエル／作品見本 64p
60×180mm
長方形に2つ折り

86　　　　　　　　　ハサミまたはカッターで切る　　　　　　　切って開いた表から見て、谷折りする
　　　　　　　　　　形を切る前に折り筋を入れる　　　　　　　切って開いた表から見て、山折りする

#43 アンティークな模様／作品見本 44p　250×360mm　長方形に4つ折り

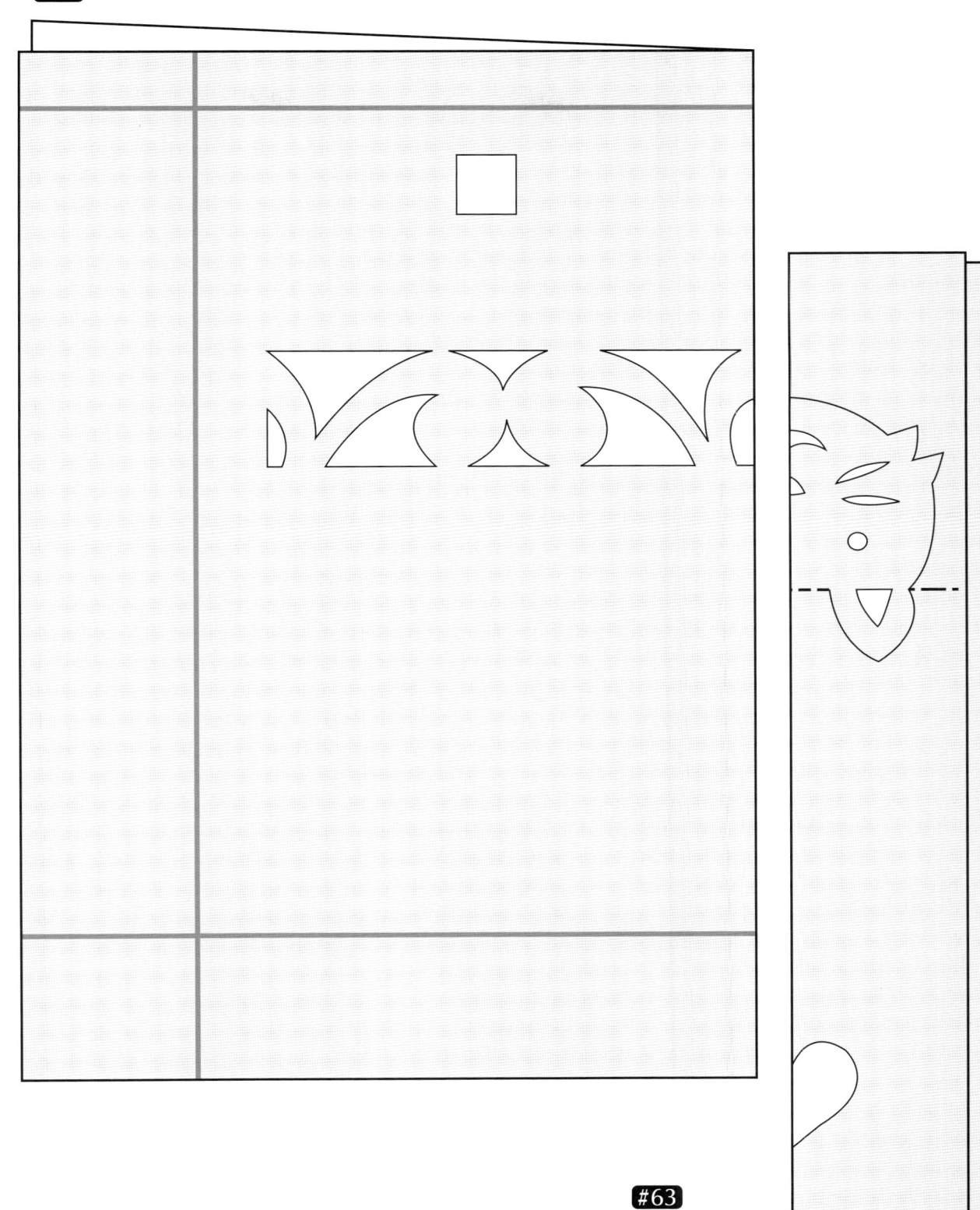

#63
ネコ／作品見本 64p
60×180mm
長方形に2つ折り

**#21** フクロウ／作品見本 28p
125×180mm　長方形に4つ折り

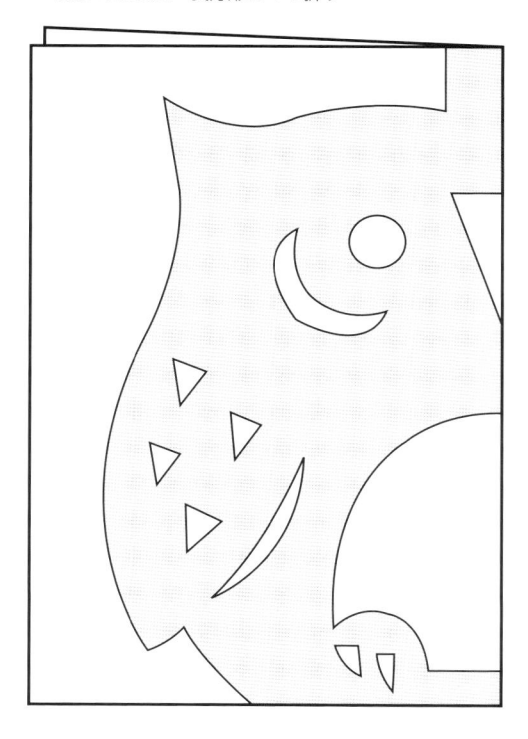

**#44** **#45** リボン、ハート（箱の本体）／作品見本 46p
160×360mm　のりしろ 20mmを除いてジャバラ折り

箱の**本体**

**#22** サクラ／作品見本 28p
125×180mm　長方形に4つ折り

88　──── ハサミまたはカッターで切る　- - - - - 切って開いた表から見て、谷折りする
　　　──── 形を切る前に折り筋を入れる　- - - - - 切って開いた表から見て、山折りする

#44 リボン（箱のふた）／作品見本 46p　140×360mm　のりしろ 10mmを除いてジャバラ折り

箱の **ふた**

#45 ハート（箱のふた）／作品見本 46p　140×360mm　のりしろ 10mmを除いてジャバラ折り

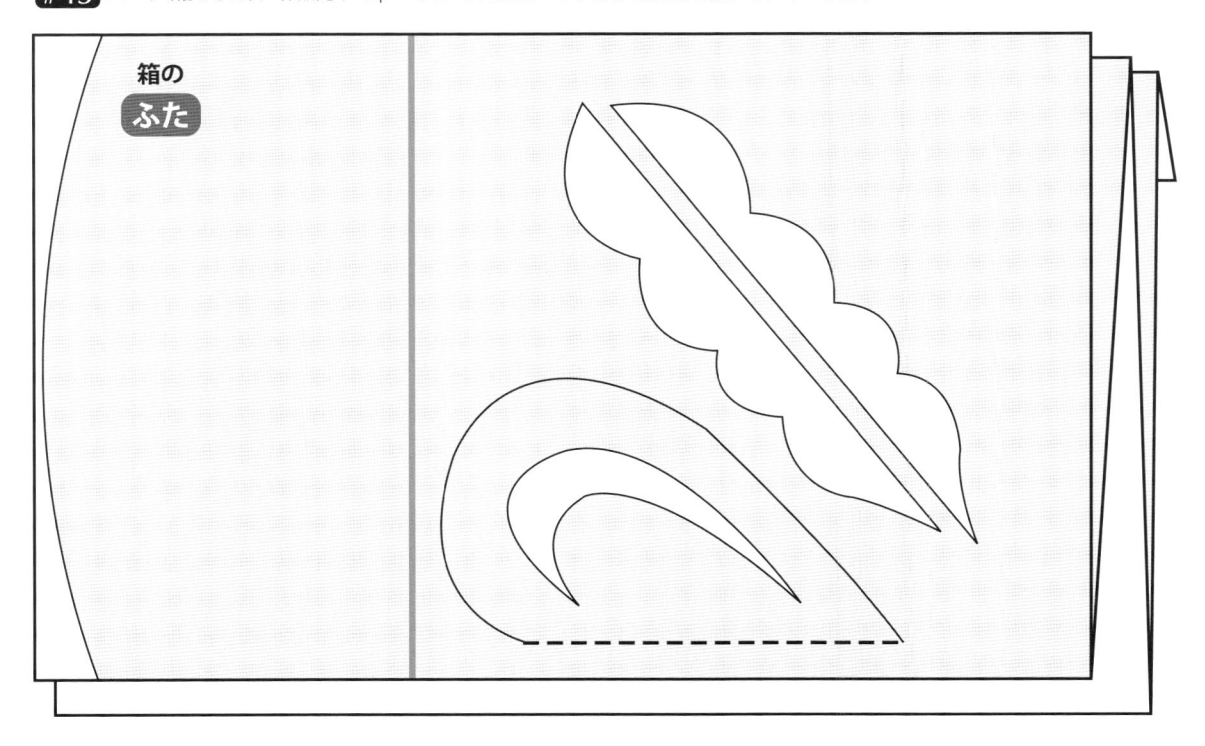

箱の **ふた**

## 125% 拡大コピー  #48 #49 は下の型紙を125%の比率で拡大コピーして使ってください。

**#48** ブーケ／作品見本 50p　180×250mm　長方形に2つ折り

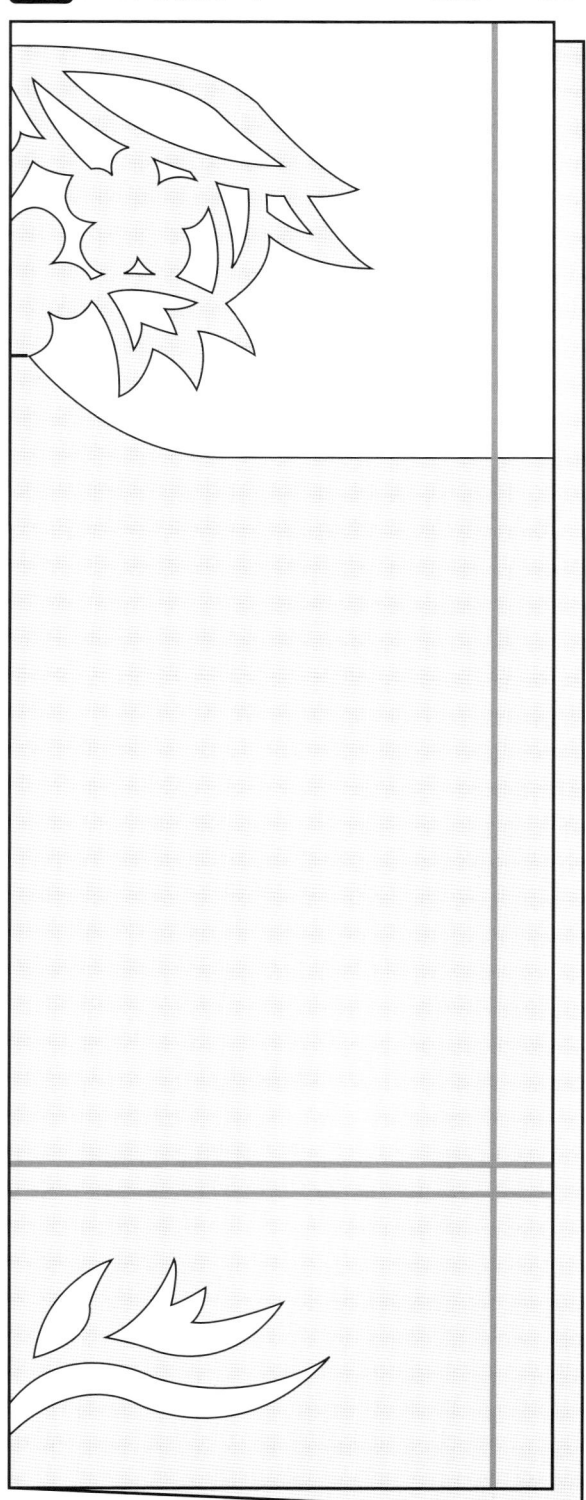

**#49** パンダ／作品見本 50p　180×250mm　長方形に2つ折り

ハサミまたはカッターで切る
形を切る前に折り筋を入れる
切って開いた表から見て、谷折りする
切って開いた表から見て、山折りする

#52

スタンドA／作品見本 55p
180×250mm　のりしろ 10mmを除いてジャバラ折り

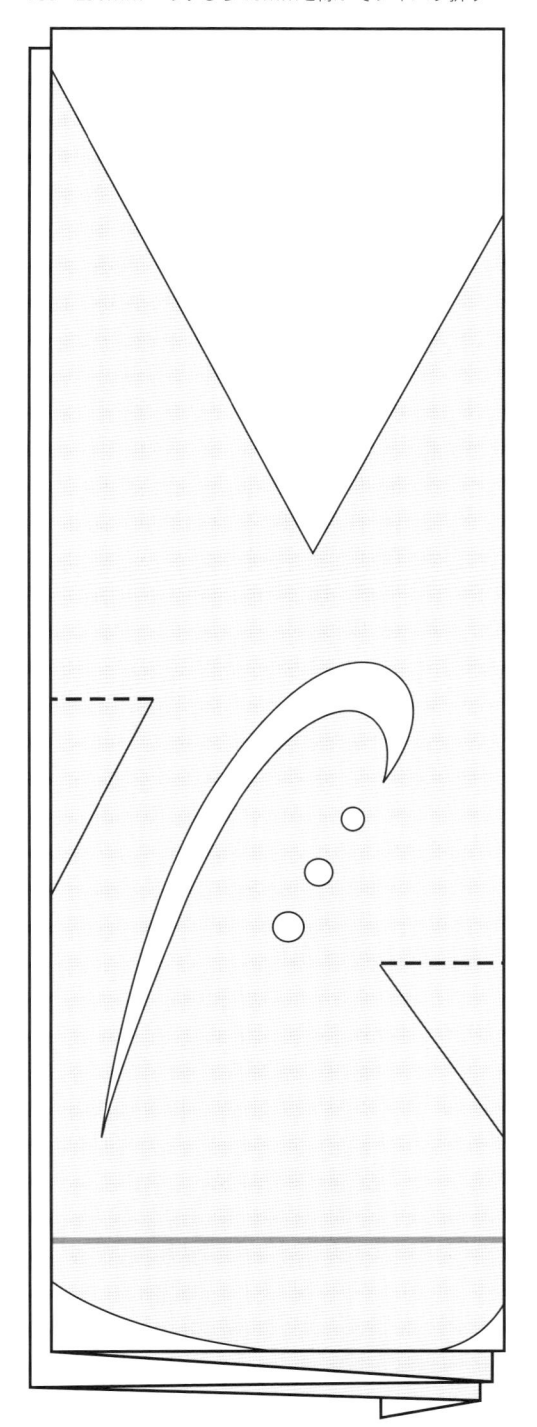

#53

スタンドB／作品見本 55p
180×250mm　のりしろ 10mmを除いてジャバラ折り

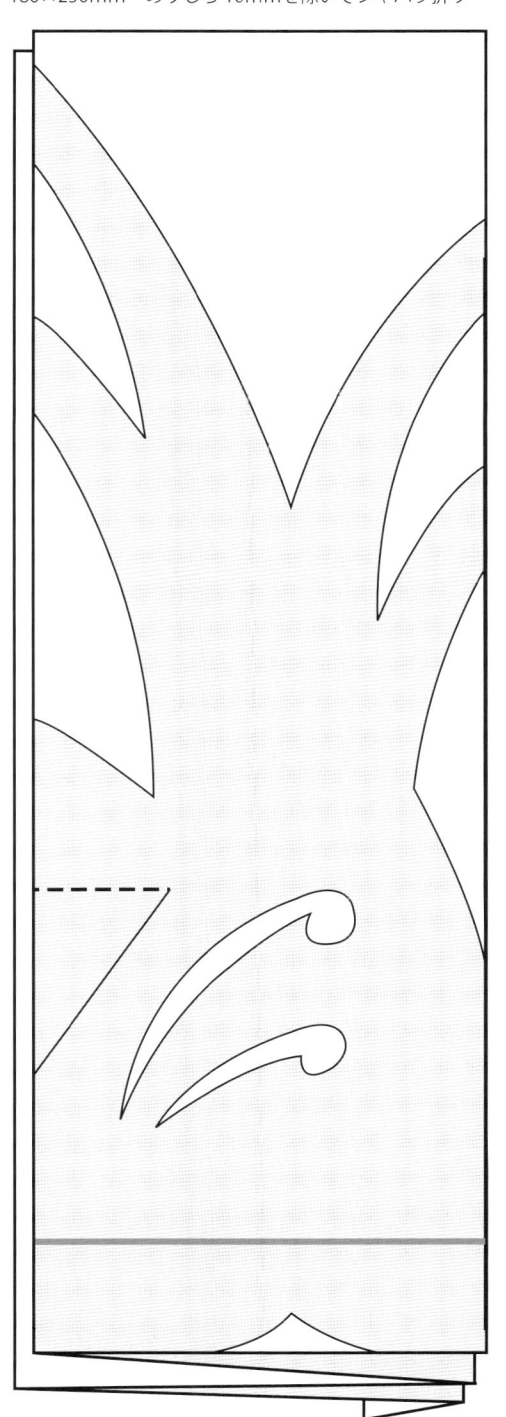

91

## #54

花火／作品見本 56p
180×250mm　のりしろ 10mmを除いてジャバラ折り

## #55

ハート／作品見本 56p
180×250mm　のりしろ 10mmを除いてジャバラ折り

ハサミまたはカッターで切る
形を切る前に折り筋を入れる
切って開いた表から見て、谷折りする
切って開いた表から見て、山折りする

#56

札A／作品見本 60p
125×180mm　長方形に2つ折り

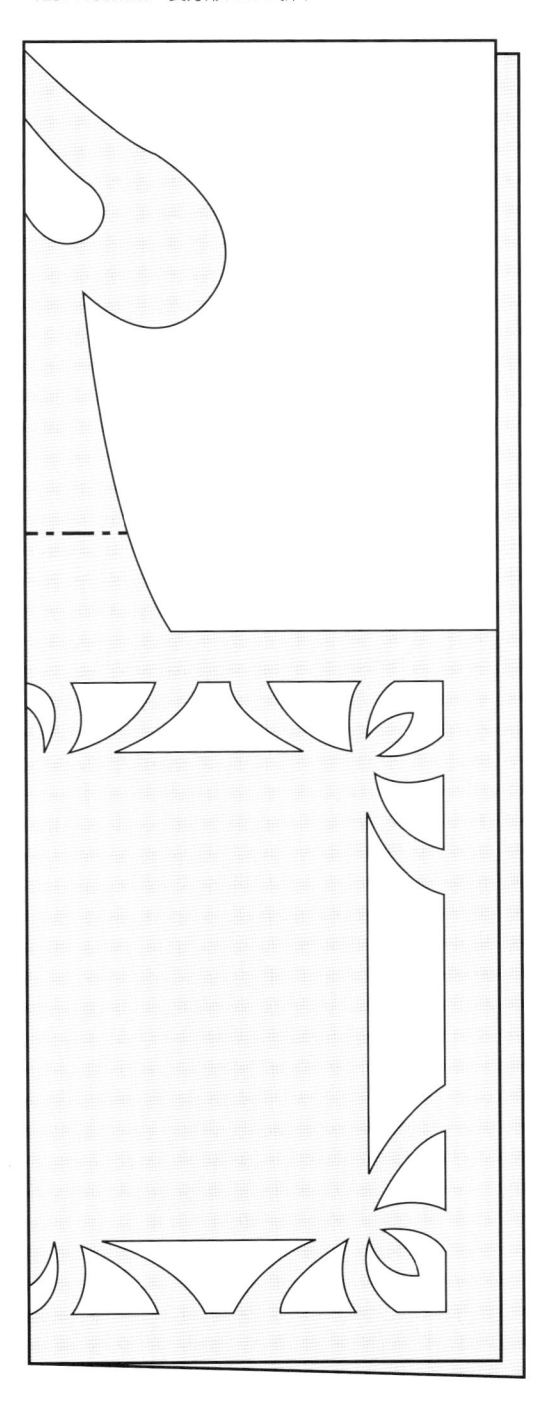

#57

札B／作品見本 60p
125×180mm　長方形に2つ折り

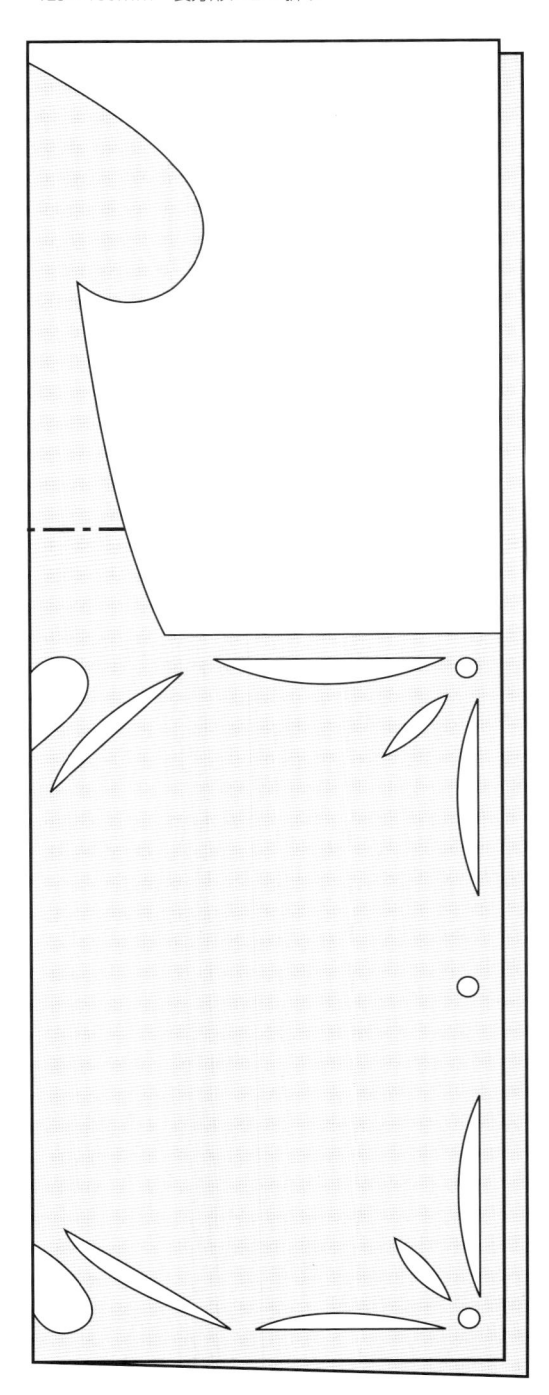

#58

札A／作品見本 61p
125×180mm　長方形に2つ折り

#59

札B／作品見本 61p
125×180mm　長方形に2つ折り

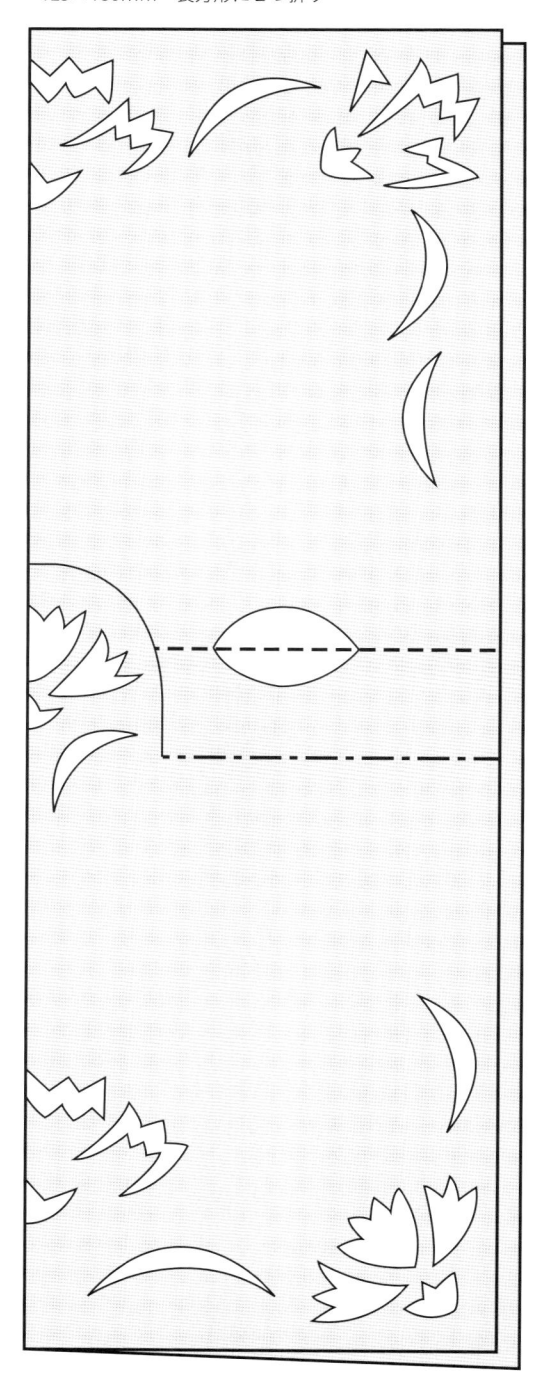

94　　ハサミまたはカッターで切る　　切って開いた表から見て、谷折りする
　　　形を切る前に折り筋を入れる　　切って開いた表から見て、山折りする

## #60
ハート／作品見本 62p
180×250mm　のりしろ 10mm を除いてジャバラ折り

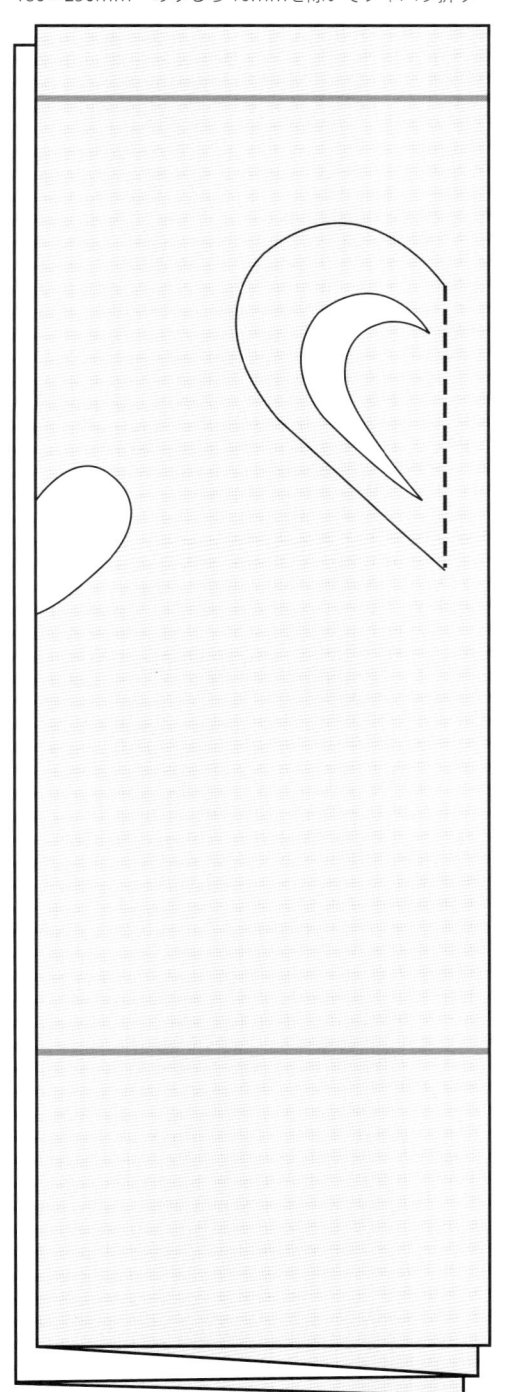

## #61
パンダ／作品見本 62p
180×250mm　のりしろ 10mm を除いてジャバラ折り

### 著者プロフィール

#### 大原まゆみ

造形作家、グラフィックデザイナー。
書籍編集、デザインを手がけることと並行して、手づくりの作品を制作。切り紙をはじめとして、折り紙、ビーズ・アクセサリー、陶芸、フラワー・アレンジメントなど、暮らしの中での存在感をテーマにユニークな作品を数多く生み出している。
著書『立体切り紙12か月』(日貿出版社)、『完全マスター 切り紙レッスン』『立体切り紙レッスン』『花の模様切り紙』『干支の切り紙』『透かし切り紙』『透かし折り紙』『恐竜の切り紙』『福を招く おめでたい切り紙』『和のこよみ切り紙』『昆虫の切り紙』『花の立体切り紙』『切り紙でつくる 花の飾りもの』(以上、誠文堂新光社)、『くらしを彩る 美しい切り紙』(永岡書店)、『そのまま作れる 切り紙練習帳』(成美堂出版)、『きりがみずかん』(学習研究社) など多数。京都市在住。

---

本書の内容の一部あるいは全部を無断で複写複製（コピー）することは、法律で認められた場合を除き、著作権および出版社の権利の侵害となりますので、その場合は予め小社あて許諾を求めて下さい。

---

## 立体切り紙 かわいい小物
### 作って、使って、楽しい！

●定価はカバーに表示してあります

2012年10月20日　初版発行
2013年11月 1 日　 3 刷発行

著　者　　大原まゆみ
発行者　　川内　長成
発行所　　株式会社日貿出版社

東京都文京区本郷 5 - 2 - 2　〒113-0033
電話　（03）5805-3303（代表）
FAX　（03）5805-3307
振替　00180-3-18495

印刷・製本　株式会社シナノパブリッシングプレス
企画・編集・本文デザイン　オオハラヒデキ
カバーデザイン　茨木純人
撮影　白石圭司
撮影協力（モデル）　岡野きらら
©2012 by Mayumi Ohara / Printed in Japan.
乱丁・落丁本はお取り替えいたします。

ISBN978-4-8170-8190-2　　http://www.nichibou.co.jp/